智库 中社

国家智库报告 2016（51）
National Think Tank

社会·政法

"总体法治宣传教育观"的理论与实践

莫纪宏 等著

THEORY AND PRACTICE OF "OVERALL VIEW ON RULE OF LAW PROPAGANDA AND EDUCATION"

中国社会科学出版社

图书在版编目(CIP)数据

"总体法治宣传教育观"的理论与实践/莫纪宏等著.—北京：中国社会科学
出版社，2016.12

(国家智库报告)

ISBN 978-7-5161-9453-9

Ⅰ.①总…　Ⅱ.①莫…　Ⅲ.①法制教育—宣传工作—研究—中国　Ⅳ.①D920.5

中国版本图书馆 CIP 数据核字(2016)第 288346 号

出 版 人	赵剑英	
责任编辑	王　茵	
特约编辑	王　琪　马　明	
责任校对	朱妍洁	
责任印制	李寡寡	

出　　版	中国社会科学出版社	
社　　址	北京鼓楼西大街甲 158 号	
邮　　编	100720	
网　　址	http://www.csspw.cn	
发 行 部	010-84083685	
门 市 部	010-84029450	
经　　销	新华书店及其他书店	

印刷装订	北京君升印刷有限公司	
版　　次	2016 年 12 月第 1 版	
印　　次	2016 年 12 月第 1 次印刷	

开　　本	787×1092　1/16	
印　　张	19	
插　　页	2	
字　　数	190 千字	
定　　价	78.00 元	

执 笔 人：

莫纪宏　李　忠　陈欣新　陈根发

翟国强　刘小妹　戴瑞君　陈百顺

诸　悦　赵　心　邵　怿

摘要： 本智库报告是中国社会科学院法学研究所、国际法研究所法治战略研究部根据中国社会科学院法学研究所莫纪宏研究员提出的"总体法治宣传教育观"，在对过去30年六个五年普法规划实施经验进行认真总结的基础上，结合党的十八大、十八届三中和四中全会对法治宣传教育与普法工作提出的新要求，全面和系统地论述了"七五"普法规划实施期间，如何根据"总体法治宣传教育观"的各项要求，实现普法主体的"精细化"、普法对象的"全覆盖"、普法内容的"系统化"、普法手段的"现代化"、普法效果的"指标化"、普法工作格局的"法治化"，以及如何更好地关注和保障普法领导体制的"统一性"、普法运行机制的"高效性"，从而提升法治宣传教育与普法工作的实效，强化法治宣传教育与普法工作在促进全民守法、建设法治社会中的重要作用。

关键词： 总体法治宣传教育观　全民守法　普法工作　法律意识　法律素养

Abstract: This think tank report has been accomplished by the Rule of Law Strategy Research Department under Law Institute and International Law Institute of Chinese Academy of Social Sciences (CASS) according to "Overall View on Rule of Law Propaganda and Education" firstly proposed by Professor Mo Jihong, deputy director of Law Institute of CASS. On the basis of summarizing the experiences in the past 30 years in the process of implementing six "Five Years' Plans" for popularizing law, in a bid to adapting to the new demands of rule of law propaganda and education and popularizing law work stated in gazettes proclaimed by the 18th congress of Chinese Communist Party, the 3rd and 4th plenary sessions of the 18th Central Committee of Chinese Communist Party, the author comprehensively and systematically has addressed how to approach to the promotion of popularizing law including the "preciseness" of subjects, the "universal coverage" of objects, the "systematization" of contents, the "modernization" of tools, the "indexing" of result, the "legalization" of work pattern and how to pay more attention to the "oneness" of popularizing law leadership system and the "high efficiency" of its operating mechanism during implementing the Seventh "Five Years' Plan" for Popularizing Law so as to improve actual effect of rule of law propaganda and education and popularizing law work and intensify its important role played in the process of boosting the efficiency of obeying law by all the people and building rule of law society.

Key words：Overall View on Rule of Law Propaganda and Education；Obeying Law by All the People；Popularizing Law Work；Legal Consciousness；Legal Literacy

目　录

一 "总体法治宣传教育观"的
理论背景和实践依据

(一) "总体法治宣传教育观"提出的理论背景

中国社会科学院法学研究所、国际法研究所法治战略研究部系从法治发展战略的角度为党和国家决策服务的新型专业智库。自 2015 年年初成立以来,一直秉承"宏观把握、超前预判、大胆建议、注重实效"的研究宗旨,在国家立法、执法、司法和法治宣传等领域已经向党和国家相关决策部门提供了许多有价值的智库对策和建议,得到了学界和实务部门的关注。2015 年 3 月 12日,隶属于法治战略研究部的"中国社会科学院法学研究所法治宣传教育与公法研究中心"挂牌成立。中心从成立的第一天起就明确了自身的任务和活动宗旨,就是要运用法学理论研究的方法来关注法治宣传教育与普法工作,找出其中一般性的规律,为法治宣传教育与普法工作领导机构出谋划策。在成立大会上,中心研究部选择了几个与法治宣传教育、普法工作重大理论和实践问题相关的课题公开向社会各界招标,其中一个重要课题就是"全面推进依法治国进程中的总体法治宣传教育观研究"。该项目由中心主任中国社会科学院法学研究所副所长莫纪宏研究员负责组织完成。一年多来,作为课题负责人,莫纪宏研究员组织课题组成员深入法治宣传教育与普法工作的第一线进行调研,掌握了大量的第一手资料,特别是在全面评估过去三十年六个五年普法①规划实施具体成效的基础上,根据党的十八届四中全会审议通过的《中共中央关于全面推进依法治国若干重大问题的决定》(以下简称《全面推进依法治国决定》)的具体要求,结合"七五"普法规划的行动部署,对"总体法治宣传教育观"的必要性、可行性、意义、价值内涵和重要特征等重大理论和实践问题进行了深入研究和讨论,提出了以"总体法治宣传教育观"为指导、全面推进"七五"普法工作的各项对策和建议。本智库报告的主要内容就是汇聚课题组完成中国社会科学院"地方法治研究"和"宁夏回族自治区宗教事务依法管理的状况研究"等国情调研项目研究成果的精华,提炼出主要的学

---

① 五年一轮的"法制宣传教育"活动常常被简称为"一五"(1986—1990 年)、"二五"(1991—1995 年)、"三五"(1996—2000 年)、"四五"(2001—2005 年)、"五五"(2006—2010 年)、"六五"(2011—2015 年)普法。

术观点和对策建议向社会公开发布，接受社会公众的评判，旨在充分听取和吸收各界意见的基础上，不断完善"总体法治宣传教育观"的内涵及应用方式，充分发挥"总体法治宣传教育观"在全面提升"七五"普法工作实效中的保障功能。

"总体法治宣传教育观"第一次向学术界和实务界推出是在2015年5月22—24日中国社会科学院法学研究所法治宣传教育与公法研究中心举办的首届"全国新时期法治宣传教育研讨会"上。此次研讨会是全国范围内首次以"法治宣传教育"为题举办的理论研讨会。中国社会科学院法学研究所法治宣传教育与公法研究中心主任莫纪宏研究员向与会者全面、系统地介绍了"总体法治宣传教育观"的理论设想和实践意义，得到了与会者的高度关注，特别是来自实际部门长期从事普法工作的领导，他们对"总体法治宣传教育观"的基本理念和价值要求表示了赞赏和肯定，认为"总体法治宣传教育观"对过去三十年六个五年普法工作做出了很好的总结，形成了面向"七五"普法的基本指导思想。总的来说，从1986年开始推行的六个五年普法工作经历了从最初的"普及法律常识"到"培养法律意识"，再到"树立法治信仰"直至当前法治宣传教育与普法工作面临的"法治在行动"的发展格局，法治宣传教育与普法工作的每一步发展和深入都是普法理念不断升华和提升的结果。经过三十年普法工作的努力，法治宣传教育与普法工作的价值和意义已经为领导层和社会公众普遍接受，普法工作从最初的抓重点对象、普及"十法一例"，不断深化，在普法对象、普法领导体制、普法主体、普法内容、普法方式、普法机制等方面都发生了深刻的变化，法治宣传教育与普法工作逐渐成为一项常态化的工作。在这种背景下，如何总结过去三十年普法工作的经验和教训，在过去取得成绩的基础上，争取在"七五"普法规划实施期间使法治宣传教育与普法工作再上一个新台阶，成为摆在各级各类法治宣传教育与普法工作领导机构面前的重要任务。"总体法治宣传教育观"恰恰很好地总结了过去三十年普法工作的经验和教训，从宏观、整体和更加系统、科学的角度对法治宣传教育与普法工作在顶层制度层面进行理论设计，开拓了法治宣传教育与普法工作新格局，具有拓展视野、深化内涵、扩大影响、加强实效等价值功能。特别是"总体法治宣传教育观"较好地适应了党的十八届四中全会审议通过的《全面推进依法治国决定》关于"全民守法，建设法治社会"的价值要求，把法治宣传教育与普法工作作为全面推进依法治国各项工作的一个重要环节，突出了加强法治宣传教育与普法工作的必要性、可行性，将法治宣传教育与普法工作作为政府的经常性工作对待，避免了只是在实践层面由司法行政机关等少数专门机构单打独斗，开始关注动员和调动全社会的力量从事法治宣传教育与普法工作，并在科学研究的意义上探讨与法治宣传教育、普法工作相关的重大理论和实践问题，将法治宣传教育与普法工作纳入依法治国、建设社会主义法治国家的整体框架内来加以有序推进，体现了法治宣传教育与普法工作的全面性、系统性和有效性。

2015年7月1日，莫纪宏研究员在《学习时报》上发表了《树立"总体法治宣传教育观"》的理论文章，对"总体法治宣传教育观"的理论内涵和特征做了深入阐述。在该文中，莫纪宏研究员指出：所谓"总体法治宣传教育观"，就是根据党的十八大、十八届四中全会提出的"全民守法、建设法治社会"的总体要求，由一切国家机关、社会组织和公民个人依法采取各种有效的宣传教育形式，全面和系统地学习、领会和贯彻中国特色社会主义法治体系的内涵，形成尊法、知法、懂法、守法、用法的良好法律意识。

关于"总体法治宣传教育观"的理论特征，《树立"总体法治宣传教育观"》一文强调了以下几点内容：

一是不再把"法治宣传教育"中的主体和客体做简单区分，强化参与意识、主体意识，改变过去的"灌输"模式，发挥每一个国家机关、社会组织和公民个人在法治宣传教育活动中的主动性和积极性，从"要我学法"向"我要学法"的方式转变。

二是法治宣传教育的形式应遵循"有效性原则"，只要是能产生良好的法治宣传教育效果的形式和方式都可以针对不同群体来试点、推广和予以常态化，特别是要利用互联网等新技术的特点，实现"互联网＋法治宣传教育"的新型普法工作模式，彻底走出传统普法工作的思路。

三是法治宣传教育的内容要与时俱进，从最初的"在全体公民中普及法律常识"转变到如何宣传和贯彻落实中国特色社会主义法治体系上来。"总体法治宣传教育观"需要构建一个包含宪法实施、科学立法、严格执法、公正司法、全民守法、加强法治队伍建设和加强党对全面推进依法治国的领导等法治领域各个环节、各个方面的静态法律规定和动态法律实践相结合的法治要素集合体，要让国家机关、社会组织和公民个人通过法治宣传教育，既了解最基本的法律知识，也要对中国特色社会主义法治体系的运行实践有充分的理解和正确的认识，树立正确的法治观，养成良好的法治素养，努力营造有利于建设社会主义法治国家的法治文化氛围。

四是树立"总体法治宣传教育观"，需要将普法的工作目标与法治宣传教育活动的特点有机结合起来，建立科学的法治宣传教育体制机制制度，构建具有开放性特征的"普法终身服务系统""互联网＋法律服务体系""法律专家服务机制""法治宣传教育责任与评估机制"以及"法治宣传教育监督制度"，以实效性为价值目标，全面提升法治宣传教育工作的质量，建立最广泛的社会公众参与机制，形成健康、可持续的法治文化生长和发展机制，推进法治社会的不断发育成熟，保证全面推进依法治国各项法治工作富有成效地向纵深发展。

总之，"总体法治宣传教育观"强调普法工作中的主体责任，从传统的政府司法行政机关主导逐渐转变为一切国家机关、社会组织和公民个人的自觉参与，从重视普法工作中的数量指标转向关注普法工作的质量和实效，充分发挥每一个普法参与者的主动性和积极性，努力形成稳定可靠的全民尊法、知法、懂法、守法、用法的法治宣传教育长效机制。

在 2015 年 7 月 27 日中国社科院法学研究所、宁夏社科院与内蒙古巴彦淖尔市联合召开的传承河套文化与文化法治建设研讨会上，莫纪宏研究员提交了《"总体法治宣传教育观"的意义及制度实施路径》一文，对如何通过制度化的措施来贯彻落实"总体法治宣传教育观"的价值要求提出自己的看法。"总体法治宣传教育观"要在制度上得到贯彻落实，必须依托各项具体的制度措施，其中，实现领导体制的集中化，从法治的意义上来理解和认识法治宣传教育的对象和内容，采取各种行之有效的宣传形式提升法治宣传教育工作的效果，建立完善的法治宣传教育工作机制等都可以从根本上改变传统意义上的法治宣传教育模式，提升法治宣传教育工作的质量和水平。

1. 实现领导体制的集中化

（1）加强领导。各级党委、人大、政府及依法行使公共权力的部门要提高思想认识，各级党委（党组）一把手和党委（党组）成员要高度重视，领导班子中要有专人负责法治宣传教育工作。要从贯彻落实党的十八届四中全会关于全面推进依法治国核心精神的高度，充分认识法治宣传教育的重要作用。

（2）设立普法依法治理办公机构。各级党委（党组）设立普法依法治理办公机构作为法治宣传教育工作的组织、领导和协调机构，与政府设立的普法办公室合署办公或者是建立上下级之间的业务指导关系。党委（党组）一把手亲自担任法治宣传教育领导小组组长，同级党委（党组）分工负责主管法治宣传教育的领导兼任普法依法治理办公机构负责人，全面准确有效地贯彻落实党的十八届四中全会提出的党对法治宣传教育工作实行全面领导的精神，健全法治宣传教育的具体工作制度和工作体系。全国普法依法治理办公室设在中央政法委，与全国普法办公室合署办公。

2. 从法治的意义上来理解和认识法治宣传教育的对象

注重法治宣传教育工作的点面结合，以点带面，以重点人群的法治宣传教育实践方案来影响和推动全社会公众学法用法，提高法治宣传教育工作的实效。

　　一切有接受教育能力的公民，要以积极主动的态度参与法治宣传教育活动，充分发挥主人翁精神，以学以致用、学用并举的方式，实现从"要我学法"到"我要学法"的态度转变，不断增强社会主义民主法治意识，努力做到尊法、学法、知法、懂法、守法、用法、护法。各级领导干部，人大代表，立法、行政执法和司法人员，青少年，企业经营管理人员，外来人口及老年人是法治宣传教育的重点对象。

　　各级领导干部要带头学法、用法，依法决策、依法行政、依法管理，努力实现领导方式和管理方式的转变。

　　各级人大代表要全面、系统地学习和掌握国家宪法和法律，提高自身参政议政能力。

　　立法机关的工作人员、行政执法和司法人员要努力提高自身的法律素质，忠实于宪法和法律，科学立法、公正司法、严格执法，自觉维护国家法制的权威和尊严。

　　青少年学生要在法律素质的养成上下功夫。各级、各类学校要开设法治教育课，并且做到计划、课时、教材、师资"四落实"，保证普及基本法律常识的任务在九年义务教育期间完成。要抓好社会青少年的法治宣传教育。

企业经营管理人员要重点学习和掌握社会主义市场经济法律法规知识、国际经贸法律知识、企业管理法律知识，提高依法经营管理的水平和能力。

要重视对农村村镇、城市社区干部的法律培训及流动人口的法治宣传教育，尤其是要抓好具有广泛群众基础的"法律明白人"普法培训工作。

适应不断老龄化社会的发展趋势，以宣传《老年人权益保护法》为重点，帮助老年人依法维权，不断提高对老年人群体的法律服务水平。

3. 从法治的意义上来理解和认识法治宣传教育的内容

（1）突出宣传建设中国特色社会主义法治体系的价值要求和科学内涵。"七五"普法规划实施期间，应当以突出宣传法治的"精神"为核心，围绕作为全面推进依法治国"总抓手"的中国特色社会主义法治体系的价值要求和科学内涵，进行全面和深入系统的宣传教育，将法律知识与法律实践、法律体系与法治体系有机结合起来，培养社会公众对建设中国特色社会主义法治体系重要意义的领悟能力，为贯彻中国特色社会主义法治理论，形成完备的法律规范体系、高效的法治实施体系、严密的法治监督体系、有力的法治保障体系，形成完善的党内法规体系，坚持依法治国、依法执政、依法行政共同推进，坚持法治国家、法治政府、法治社会一体建设，实现科学立法、严格执法、公正司法、全民守法，为促进国家治理体系和治理能力现代化提供富有实效的高素质的全民法律意识的社会支持。

（2）以保障宪法实施为出发点，进一步在全民中深入普及宪法知识。加强宪法实施是建设具有中国特色社会主义法治体系的基础性工作。在对现行宪法基本原则和主要内容加强宣传教育的同时，强化对宪法实施重要意义的宣传，使得各级国家机关、社会组织和公民个人能够依据宪法有效地主张自己的权利、履行自身应尽的宪法职责；加强对宪法和法律所规定的公民基本权利和基本义务的宣传教育，提升社会公众的公民意识，增强社会组织和公民个人的国家荣誉感、社会责任感和历史使命感；以宣传宪法规定的公民维护祖国安全、荣誉与利益的基本义务为重点，加强对以国家安全法为核心的国家安全方面法律法规内容和意义的宣传，增强全民的国家安全意识，提高政府和社会公众应对危害国家安全风险的能力；将"将权力关进制度的笼子"作为加强宪法实施法治宣传的标志性用语，对各级国家机关和国家工作人员、党政干部及一切公职人员进行全面和系统的"依法用权"的法治宣传教育，增强各级国家机关"依法办事"能力；加强对反腐倡廉方面的政策、法律法规及相关制度的宣传，提高政府和社会公众依法反腐的法律意识和行动能力。抓好纪念和庆祝"国家宪法日""全民法制宣传日"的契机，形成普法宣传工作的相对高潮；积极推进宪法宣誓制度，利用各种新闻媒体重点宣传各种宪法宣誓活动，形成"依宪治国""依宪执政"的法治氛围，形成有利于宪法实施的社会环境。

（3）加强党内法规宣传教育。党内法规是中国特色社会主义法治体系的重要组成部分，是管党治党的重要依据和建设社会主义法治国家的有力保障。各级党委（党组）要高度重视党内法规宣传教育，把党内法规列入党委（党组）中心组学习内容，列入党校、行政学院、干部学院、社会主义学院培训教材，列入党员领导干部述职和考核内容，与学法、用法工作同计划、同部署、同检查、同落实。党委宣传部门要加大宣传普及力度，重点宣传党章和其他重要党内法规，强化党员的党内法规意识，使广大党员深刻认识到遵守党内法规是每个党员应尽的义务，努力在全党形成重视、学习、遵守党内法规的浓厚氛围。建立党政机关工作人员学规用规制度，对党委系统的法规工作人员定期进行专项培训，努力使其掌握履行职责所需的党内法规知识。充分利用报刊、广播、电视等传统宣传教育阵地，注重发挥互联网和微电影、微电视、微信、动漫等新媒体、新技术的优势，为公众提供更多、更便捷的党内法规学习渠道。

4. 采取各种行之有效的宣传形式提升法治宣传教育工作的效果

利用"互联网＋"技术，运用现代传播媒介，实现法治宣传教育方式的有效转型。"七五"普法规划实施期间，要充分利用"互联网＋"技术和各种有效的大数据系统，建立规模化、集约化的法治宣传教育平台。建立全国性及以省级法治宣传教育互联网中心为依托的全国性及区域性法治宣传教育平台，汇集各种类型的法治宣传教育互联网信息，建立几个大型的法治宣传教育大数据库，实行全国范围内的法治宣传教育信息共享。利用微电影、微信、博客、QQ群等方便简洁的传播手段，在全体社会成员之间建立信息共享的实用型法治信息数据平台，实行实时普法、实时学法、实时用法的动态学法机制，充分发挥"互联网＋"的技术优势，逐步放弃效率低下、成本奇高的落后和过时的法治宣传手段和方式，形成具有创新特征的法治宣传教育的大思路和宏观发展格局。

建立和建成一至两个全国性的法治宣传教育信息大数据互联网发布平台，由全国普法依法治理领导小组办公机构统一组织、协调富有经验的法学专家和法律实务专家制作、提供权威、准确的法律知识和法律技能培训服务产品，利用全国性法治宣传教育信息大数据平台的技术和产品优势，向全社会提供高质量的法律服务产品。各省、自治区和直辖市普法依法治理办公机构应当建立和建设具有本行政区域特征的法治宣传教育信息大数据互联网发布平台，与全国性的法治宣传教育信息大数据互联网发布平台形成相互补充、相互支持的法治宣传教育信息互联网发布平台，运用市场机制，适应社会公众对法律服务产品的需求特征，及时、有效地提供高质量的法律服务产品。县级以下行政区域内的普法依法治理办公机构应当建设一至若干个服务于本行政区域的免费向社会公众开放的法治宣传教育信息互联网公共服务平台，利用公共图书馆、文化馆和网吧等场所，积极主动地向社会公众提供公共法律服务产品，不断满足社会公众对法律知识和法律技能不同层次和种类的需求。

5. 建立完善的法治宣传教育工作机制

（1）以推动《法治宣传教育法》出台为抓手，进一步强化法治宣传教育立法保障机制建设。法治宣传教育是全面推进依法治国的基础性工程，也是全面推进依法治国各项法治工作不可缺少的重要环节。法治宣传教育要全面纳入法治轨道，各级党政机构、社会组织和公民个人都必须积极采取各种有效措施参与法治宣传教育活动、负担相应的法定职责和法律义务。要在总结全国各地出台与法治宣传教育相关的地方性法规立法经验的基础之上，在"七五"普法规划实施期间，推动全国人大常委会尽早出台《中华人民共和国法治宣传教育法》，用国家立法的形式来明确法治宣传教育工作的法律地位，理顺法治宣传教育领导体制和工作机制，明确一切国家机关、社会组织和公民个人在法治宣传教育活动中的法律职责，建立法治宣传教育执法监督检查机制，建立稳定的法治宣传教育队伍，确定法治宣传教育实施效果第三方评估机制，建立上下级法治宣传教育组织和协调机构之间的法律联系，加强法治宣传教育的区域合作，明确法治宣传教育工作法律责任和考核机制，保证法治宣传教育活动的规范化、制度化和法律化。树立牢固的"依法"开展法治宣传教育工作和活动的"法治"理念。

（2）建立"谁执法谁普法"的法制宣传教育工作机制。各级党委和政府要加强对法治宣传教育工作的领导，宣传、文化、教育部门和人民团体要在法治宣传教育中发挥职能作用。实行国家机关"谁执法谁普法"的普法工作责任制，建立法官、检察官、行政执法人员、律师等以案释法制度，加强普法讲师团、普法志愿者队伍建设。推行在各类党政机关建立法律实施法治宣传教育责任制，将普法工作责任制逐渐从"执法"领域拓展到所有依法办事的领域。特别要注重各级人大及其常委会通过行使法律赋予的立法权限对自身所制定的法律法规所做出的解释和说明工作，形成权威性的法治宣传教育工作机制，充分发挥各级人大作为立法机关在法治宣传教育工作中的引领作用。全国普法依法治理办公机构应根据具体情况，适时组织有经验的法学家和法律实务专家到国外或者国际组织中宣传和介绍我国的法律制度以及法治建设的发展状况。把法治宣传教育纳入精神文明创建的内容，开展群众性法治文化活动，健全媒体公益普法制度，加强新媒体、新技术在普法中的运用，提高普法实效。完善各类法治宣传教育执法监督检查机制，明确法治宣传教育责任形式，确立法治宣传教育效果评估指标体系，加强第三方评估机制建设，实行权责统一的法治宣传教育考核制度，不断提高法治宣传教育工作的效率。

（3）加强对外法治宣传交流工作。"七五"普法规划实施期间，要实现法治宣传教育工作"走出去"的战略布局，利用"一带一路"的发展机遇，营造有利于实施"一带一路"工程的法治环境，积极主动地利用各种宣传渠道，向国外政府机构或者法学团体进行全面和系统的中国特色社会主义法治理论、法治道路、法治体系的宣传和介绍活动，增进与我国开展政治、经济、贸易、文化往来和交流的外国组织、个人对中国法律制度和法治建设状况的了解，促进双边和多边的法律交流，建设以"一带一路"战略布局为核心的区域性或全球性的法治系统工程，增强中国在国际法治价值创制和传播中的话语权。为中国驻外企业、机构和中国公民开展多种形式的法治宣传教育活动，以维权为中心，建立为中国驻外企业、机构和中国公民的完善的法律服务系统。

总之，"总体法治宣传教育观"强调了普法工作中的主体责任，从传统的政府司法行政部门主导逐渐转变为一切国家机关、社会组织和公民个人的自觉参与，从重视普法工作中的数量指标转而关注普法工作的质量和实效，充分发挥每一个普法参与者的主动性和积极性，努力形成稳定可靠的全民尊法、知法、懂法、守法、用法的法治宣传教育长效机制。

（二）"总体法治宣传教育观"是在总结过去三十年六个五年普法规划实施经验基础上形成的，具有很强的实践指导意义

2015 年年初，在中国社会科学院法学研究所法治宣传教育与公法研究中心正式成立之后，就接受了司法部法宣司的委托，就六个五年普法规划实施的效果进行分析评估，并由此对"七五"普法规划的主要事项在深入调查研究的基础上提出专家对策和建议。课题组在开展课题研究的过程中，特别关注了过去三十年六个五年普法规划实施期间普法理念的变化规律，最终形成了基于法治宣传教育与普法工作实践要求的"总体法治宣传教育观", 在集体讨论形成共识的基础上, 对"总体法治宣传教育观"的必要性、可行性、基本内涵和特征、现实意义等重要理论和实践问题做了全面和系统的阐述, 体现了"总体法治宣传教育观"的实践特征。

1. 普法对象从重点人群不断向全民覆盖, 体现了普法工作的"法育"特性

从 1986 年开始的五年普法工作, 其普法目的是要让公众更多地了解法律, 从而能够按照国家宪法和法律的要求来规范自己的行为, 特别是作为公民、法人和其他社会组织依法享有权利和承担义务。"普法"是要让社会公众了解法律、知晓法律、懂得法律, 从而养成"依法办事"的习惯。因此, "普法"对象不能只限制为特定的社会公众, 必须对所有社会公众开放。从"一五"到"六五", 普法工作的对象逐步呈现出向社会公众"全覆盖"的趋势, 在普法对象的选择上体现了"全面性""整体性"的特征。

"一五"普法规划规定了普及法律常识的对象是工人、农(牧、渔)民、知识分子、干部、学生、军人, 以及其他劳动者和城镇居民中一切有接受能力的公民。"二五"普法规划以"专业法"普法为重点, 强调了各

单位、各部门要重点抓好本单位、本部门的普法工作。从 1991 年下半年到 1992 年年中，重点学习了由中宣部、司法部组织编写的《中华人民共和国宪法讲话》《社会主义法制建设若干问题讲话》两本书，全国 90% 以上的党政机关干部参加了这两本书的学习活动。从 1992 年下半年开始，各部门、各系统纷纷将普法工作的重心转向专业法的学习。工商、税务、海关、土地、环保、水利、林业、商业、财政、人事、教育、铁路、广播电影电视、卫生、建设、邮电等部门，都采取多种形式，在本系统内全面开展专业法律知识的学习。各部门、各系统都把专业法律知识的学习作为本行业业务学习和岗位培训的重点来抓。"三五""四五"普法期间，领导干部是普法工作的重点对象。按照"五五"普法规划的部署，普法工作围绕着领导干部、公务员、企业经营管理人员、青少年和农民等重点对象展开。"六五"普法规划实施期间，重点加强了对领导干部、公务员、青少年、企事业经营管理人员和农民的法制宣传教育，把领导干部和青少年作为重中之重。总的来说，从"一五"到"六五"，普法对象在抽象层面涵盖了所有社会公众，但在不同时期，普法工作仍然集中在特殊群体领域，并没有建立起涉及所有社会群体的普法对象"全覆盖"网络。最明显的例子就是，北京作为首都，普法对象除了北京市人民政府管辖的行政区域内的社会公众之外，理应涵盖驻京的中央国家机构、军事机关和国有企业等单位的工作人员，但在实际普法工作中，北京市人民政府下属的普法工作机构并没有承担驻京的中央国家机构、军事机关和国有企业等单位的普法任务，这些驻京的中央国家机构、军事机关和国有企业等单位的普法工作实际上成为普法工作的"死角"，缺少常态化的法治宣传教育与普法工作机制。而司法部法宣机构主要负责全国范围内的普法政策的制定、督促、检查，驻京的中央国家机构、军事机关和国有企业等部门的普法任务缺少有效的普法机制来予以保障。

"总体法治宣传教育观"提出普法对象"全覆盖"，必然就会要求法治宣传教育与普法工作要落实到每一个人、每一个组织，在组织法治宣传教育与普法对象学法时必然要从组织体制、技术措施和人员保障等方面来贯彻落实，真正做到使每一个社会公众都能获得"均等"的接受法治宣传教育与普法教育的机会，避免法治宣传教育与普法工作的"盲区"，要通过有效的方式让每一个社会公众都能积极参与到法治宣传教育与普法工作中来，使得"法育"成为公民教育的基本形式。

2. 普法的内容从若干重点和重要法律逐渐过渡到国家所有法律法规，并且突出宪法和中国特色社会主义法治体系在普法教育中的重要性

从1986年开始的全民普法工作最初的出发点是要在公民中"普及法律常识"。"一五"普法的基本内容是宪法、民族区域自治法、兵役法、刑法、刑事诉讼法、民法通则、民事诉讼法（试行）、婚姻法、继承法、经济合同法、治安管理处罚条例等基本法律，简称为"十法一条例"。"二五"普法教育主要以宪法为核心，以专业法为重点。

从"三五"普法规划实施开始，普法内容不再限于对法律知识的普及，更关注如何通过法律知识的普及提升社会公众的"法律意识"。普法工作与依法治理工作开始结合起来，学习法律逐渐与使用法律有机统一，"学法"与"用法"并举，在普及法律知识的同时，注重法律技能的培养和法律意识的养成。

"四五"普法规划明确提出了努力实现"两个转变、两个提高"的目标，这就是努力实现提高全民法律意识向提高全民法律素质的转变，全面提高全体公民特别是各级领导干部的法律素质；实现由注重依靠行政手段管理向注重依靠运用法律手段管理的转变，不断提高全社会的法治化管理水平。

"五五"普法规划实施期间，各地按照司法部和全国普法办的统一部署，积极开展防控甲型 H1N1 流感、食品安全、知识产权保护、环境保护、道路交通安全和禁毒等重点问题法制宣传教育。

"六五"普法规划提出了五年普法的十大主要任务，分别是：突出学习宣传宪法；深入学习宣传中国特色社会主义法律体系和国家基本法律；深入开展社会主义法治理念教育；深入学习宣传促进经济发展的法律法规；深入学习宣传保障和改善民生的法律法规；深入学习宣传社会管理的法律法规；加强反腐倡廉法制宣传教育；积极推进社会主义法治文化建设；继续深化"法律进机关、进乡村、进社区、进学校、进企业、进单位"主题活动；深入推进依法治理。

从"六五"普法规划实施开始，法治宣传教育与普法工作的内容已经从形式普法发展到实质普法，特别是旨在通过普法来增进民众对法治的信仰，提升社会公众依靠法治思维办事的能力和水平。

"七五"普法规划根据党的十八届四中全会审议通过的《中共中央关于全面推进依法治国若干重大问题的决定》的要求，对法治宣传教育与普法内容做出了更为详细的规定。内容涉及深入学习宣传习近平总书记关于全面依法治国的重要论述、突出学习宣传宪法、深入宣传中国特色社会主义法律体系、深入学习宣传党内法规、推进社会主义法治文化建设以及推进法治教育与道德教育相结合等。

从"一五"到"七五"，法治宣传教育与普法内容越来越广泛和深刻，充分体现了法治宣传教育与普法工作"系统性"和"全面性"的特征。

3. 普法工作机制从单纯地学习法律知识逐渐向学法、用法有机结合，从简单的知识灌输向法治宣传教育与法治实践有机结合等多功能、多目标方向发展

从"一五"普法规划实施开始，全国各地在通过司法行政部门引导群众学习法律常识作为普法工作的主渠道之外，一些地方开始探讨普法工作目标的多元化。1988年9月，司法部在江西九江召开了第一次全国部分城市市长学法用法座谈会。之后，依法治厂、依法治校、依法治村、依法治市的依法治理工作伴随普法工作的深入推进而逐步推开。

"二五"普法规划实施期间，各地方、各部门在普法教育中自觉做到了以学法促用法，以用法深化普法，依法治市、依法治县、依法治厂、依法治校、依法治村等各项依法治理活动得到进一步的开展。到1993年年底，全国有29个省、自治区、直辖市，113个地级市，120个县级市开展了依法治市工作，约占全国城市总数的40％。全国600多个县（区）开展了依法治理工作。

"三五"普法规划实施期间，坚持法制教育与法制实践相结合，依法治理工作取得了突破性进展。以基层普法依法治理为基础、以行业普法依法治理为支柱、以地方普法依法治理为主体的依法治理的三大工程，为指导全国依法治理工作明确了目标。

"四五"普法规划实施以来，全国所有省（区、市）相继制定并下发了"四五"普法规划，地方人大常委会也做出了开展法制宣传教育的决议。107个中央和国家机关、行业各部门也结合自身实际，制订了"四五"普法规划。各级党委、人大和政府切实加强了对贯彻第四个五年普法规划的领导和监督，把这项工作纳入了当地经济和社会发展的总体规划之中。

"五五"普法规划实施期间，依法治理工作继续向广度和深度推进，取得了显著的成就。2008 年以来，各地认真贯彻落实全国普法办制定下发的《关于开展法治城市、法治县（市、区）创建活动的意见》，在依法治理的基础上积极开展创建活动。据不完全统计，共有 19 个省（区、市）、130 多个市（地、州、盟）、500 多个县（市、区）开展了法治创建活动，有力地推进了依法治国进程。江苏、浙江、安徽、山东、吉林、湖北等省所有的县（市、区）全部开展了创建工作，并先后召开全省法治城市、法治县（市、区）创建工作经验交流会。一些地市还制订了考核评估指标与测评操作体系。司法部、全国普法办召开了全国法治县（市、区）创建活动研讨会，印发了《关于开展首批"全国法治县（市、区）创建活动先进单位"评选表彰工作的通知》，制定出台了《全国法治县（市、区）创建活动考核指导标准》，总结推广了一些地方的创建经验。各地积极开展民主法治村创建和评选工作，有 364 个村经推荐、考核、公示，被评为第四批"全国民主法治示范村"。

为了将"六五"普法规划实施工作落到实处，全国各级法制宣传教育部门和机构都开展了各种形式的普法创新，努力提升普法工作的实际效果。2012 年 4 月 12 日，司法部、全国普法办在北京举行了全国"深化'六五'普法'法律六进'，服务科学发展"法制宣传教育主题活动推进会暨普法志愿者基层行启动仪式。5 月 1 日，中组部、中宣部、司法部、全国普法办联合发布了《关于进一步加强领导干部学法用法工作的意见》。《意见》规定，领导干部学法用法要适应中国特色社会主义法律体系形成对领导干部法律素质提出的新要求，围绕"十二五"经济社会发展需要和"六五"普法规划确定的目标任务，结合实际，突出重点，认真学习以宪法为核心的各项法律法规，努力提高法律素质，增强依法管理和服务社会的能力。5 月 29 日，中宣部、司法部、民政部、农业部四部委联合印发《〈关于进一步加强农民学法用法工作的意见〉的通知》，旨在全面落实"六五"普法规划，不断推进农民学法、用法工作深入开展。《通知》指出，在新形势下，进一步加强农民学法、用法工作，是深入贯彻落实科学发展观的具体举措，是构建社会主义和谐社会的内在要求，是建设社会主义新农村的重要保证，是提高农民法律素质和依法办事能力的重要途径。9月13日，全国运用互联网开展法制宣传教育工作座谈会在辽宁省大连市召开。会议提出，要充分运用互联网等新兴媒体，贴近法制宣传教育对象的需求开展法制宣传教育工作。总之，随着普法工作的深入，普法工作开始关注实效，从最初只关注普法的形式到不断强化普法对实际工作的促进和推动作用，普法绩效问题得到了广泛关注，普法工作被纳入了"动机与效果相统一"的科学管理轨道，"总体性思维"逐渐形成。①

4. 普法手段从最初通过简单的传播媒介来介绍法律知识不断发展到利用现代科学技术，特别是互联网技术，提升了普法工作的效率，实现了从被动学法到主动寻法的"动力型"普法方式的转变

从"一五"普法规划实施开始，在全体公民中普及法律常识更多地依靠专家的讲座或者普法宣传专栏、节目等群众喜闻乐见的方式加以推动。在"一五"普法期间，中央领导同志带头听法制课，为全党和全国人民在学法、用法方面做出了表率。1986年7月3日，在中南

---

① "全国普法依法治理工作背景资料"，司法部法制宣传司，2013年3月21日，参见 http：//www. moj. gov. cn/fzxcs/content/2003 – 03/21/content_ 20181. htm？ node = 273，2016年11月20日最新访问。

海怀仁堂举行了第一次中央法制讲座，中共中央政治局和书记处的领导同志，以及中纪委、中央办公厅、政法部门、宣传部门和北京市的主要负责同志参加了法制讲座。中央领导干部带头上法制课，极大地带动了全国各地区、各部门的领导干部学法热情。到 1986 年年底，全国 29 个省、自治区、直辖市的党政四大班子领导先后上了法制课，1381 名省级领导干部参加了学习。领导干部带头学法、用法，有力地推动了全国普法工作的进一步深入。

"二五"普法规划实施期间，普法工作的形式得到了丰富，特别是与人民群众喜闻乐见的文艺形式结合起来。1995 年 3 月，在全国人大和全国政协八届三次会议期间，中宣部、司法部、文化部联合举办了全国首次部分省市法制文艺节目进京汇报演出。河南、湖南、山西、浙江、广西及武汉等 7 个省（区、市）选送了 7 台节（剧）目，共演出 14 场次。这是新中国成立以来第一次在首都舞台展现法制题材文艺节目。

"三五"普法规划实施期间，"规模化"学法形式得到了推广。2000 年 10 月，司法部与国家经贸委对全国520 家国有及国有控股重点企业的经营管理人员进行了培训。2000 年 10 月 25 日，中宣部、人事部、司法部联合下发了《关于在全国公务员中开展学法用法活动和进行依法行政培训的意见》。2001 年 2 月，中宣部、人事部、司法部在京召开了全国公务员学法、用法、依法行政电视电话会议。

"四五"普法规划实施期间，"网络学法"形式得到推广和应用。为了加大普法宣传的力度，开拓创新，2001 年 6 月 27 日，中国普法网正式开通，扩大了普法的社会覆盖面。2001 年 11 月，中宣部、司法部联合发出了《关于开展"12·4"第一个全国法制宣传日系列活动的通知》。各地各部门积极行动，大张旗鼓地开展了以"增强宪法观念，推进依法治国"为主题的系列宣传活动。中宣部、全国人大常委会法工委、司法部联合召开了"12·4"全国法制宣传日座谈会。12 月 4 日，全国普法办公室和中央电视台举办了"法治的力量——'12·4'全国法制宣传日特别节目"。人民日报、光明日报、法制日报、农民日报、中国青年报、中央人民广播电台等新闻单位相继开辟了"12·4"专栏，中国普法网开展了网上法律知识竞赛。整个宣传活动声势大、效果好，在全国上下掀起了学法、用法的新热潮。

　　从"五五"普法规划实施开始，普法手段和方式日益多元化，凡是能够提升法治宣传教育与普法工作实效的都在实践中得到了很好的尝试。各地、各部门党委（党组）理论中心组学法、领导干部法制讲座等工作进一步规范；公务员法制培训、法律知识考试考核、登记备案等工作进一步完善；青少年法制教育学校、家庭、社会"三位一体"的格局进一步形成；企业经营管理人员学法、用法的自觉性进一步增强，依法经营、依法管理的水平进一步提高；农民法制宣传教育的基本条件得到改善，宣传教育的覆盖面进一步扩大。通过重点对象法制宣传教育的深入开展，对全社会公民法制宣传教育工作起到了有效的引领和示范作用，有力地推进了全民普法工作的深入开展。特别值得一提的是，"五五"期间，全国各地开始提出"法律六进"。为了贯彻落实全国"五五"普法规划，提高全社会法治化管理水平，2006年7月，中央宣传部、司法部、全国普法办下发了《关于开展"法律六进"活动的通知》。各地、各部门紧紧围绕"传播法律知识，弘扬法治精神，共建和谐社会"的主题，把每一"进"都抓出亮点、抓出特色、抓出成效。在扎实开展"法律进机关"活动方面，通过

"学法用法模范公务员""学法用法示范机关" 评选和创建活动，提高领导干部和公务员依法管理和服务社会的水平；在扎实开展 "法律进乡村" 活动方面，组织开展送法下乡活动，深入开展 "民主法治示范村" 创建活动，进一步促进了社会主义新农村建设；在扎实开展 "法律进社区" 活动方面，建设专兼职社区法制宣传员队伍，加强社区法制宣传阵地建设，积极开展 "民主法治社区" 创建活动，进一步促进和谐社区建设；在扎实开展 "法律进学校" 活动方面，努力构建学校、家庭、社会 "三位一体" 的青少年法制教育网络，开展 "全国学法用法十佳小公民"、100 佳全国青少年法制教育基地评选活动，进一步提高了青少年学生法律素质；在扎实开展 "法律进企业" 活动方面，开展 "诚信守法企业" 创建活动，国有大中型企业建立法律顾问制度达到 100％，进一步促进企业依法经营、诚信经营；在扎实开展 "法律进单位" 活动方面，组织开展 "依法办事示范单位" 创建活动，在每个单位做到有组织学法的领导机构，有学法计划，有学法资料和读物，有授课的教师，有学习法律的公共场所，有干部职工学法考核制度，带动依法行政、依法办事风尚的形成。据统计，五年中，全国县级以上普法机构和相关部门共组织开展"法律六进"活动 8 万多次，各地机关、学校、社区、企业、乡村、单位等以法制文艺等多种形式开展宣传活动 50 多万场次。①

作为"六五"普法规划的基础法律文件，2011 年 4 月 22 日，第十一届全国人民代表大会常务委员会第二十次会议通过了《全国人民代表大会常务委员会关于进一步加强法制宣传教育的决议》。《决议》要求，为适应全面建设小康社会和"十二五"时期经济社会发展需要，全面落实依法治国基本方略、加快建设社会主义法治国家进程，进一步增强全社会法治观念，有必要从 2011 年到 2015 年在全体公民中组织实施法制宣传教育第六个五年规划。为此，一要深入学习宣传以宪法为统率的中国特色社会主义法律体系；二要进一步增强法制宣传教育的针对性和实效性；三要进一步丰富法制宣传教育的形式和方法；四要完善法制宣传教育的组织领导和保障机制；五要加强对本决议贯彻实施情况的监督检查。要进

---

① 陈丽平：《"五五"普法规划顺利实施取得新成效》，法制网，2010 年 10 月 13 日，参见 http：//www. legaldaily. com. cn/index_ article/content/2010 - 10/13/content_ 2315383. htm？ node = 5955，2016 年 11 月 20 日最新访问。

一步完善法制宣传教育考核评估机制，加强年度考核、阶段性检查。各级人民政府要切实组织实施好法制宣传教育第六个五年规划，做好中期督导检查和终期评估验收，并向本级人民代表大会常务委员会报告。各级人民代表大会及其常务委员会要充分运用执法检查，听取和审议工作报告以及代表视察、专题调研等形式，加强对法制宣传教育工作的监督检查，保证本决议得到贯彻落实。相比较前五个五年普法规划的实施，第六个五年普法规划在实施期间更加关注对普法工作的检查和效果的评估，注重普法工作的实效。

"七五"普法规划更是突出普法工作方式要创新。"七五"普法规划规定：创新工作理念，坚持服务党和国家工作大局、服务人民群众生产生活，努力培育全社会法治信仰，增强法治宣传教育工作实效。针对受众心理，创新方式方法，坚持集中法治宣传教育与经常性法治宣传教育相结合，深化法律进机关、进乡村、进社区、进学校、进企业、进单位的"法律六进"主题活动，完善工作标准，建立长效机制。创新载体阵地，充分利用广场、公园等公共场所开展法治宣传教育，有条件的地方建设宪法法律教育中心。在政府机关、社会服务机构的服务大厅和服务窗口增加法治宣传教育功能。积极运用公共活动场所电子显示屏、服务窗口触摸屏、公交移动电视屏、手机屏等，推送法治宣传教育内容。充分运用互联网传播平台，加强新媒体新技术在普法中的运用，推进"互联网＋法治宣传"行动。开展新媒体普法益民服务，组织新闻网络开展普法宣传，更好地运用微信、微博、微电影、客户端开展普法活动。加强普法网站和普法网络集群建设，建设法治宣传教育云平台，实现法治宣传教育公共数据资源开放和共享。适应我国对外开放新格局，加强对外法治宣传工作。

总之，过去三十年六个五年普法规划的贯彻落实使得法治宣传教育与普法工作的实践从简单、便民、局部试点、重点推进不断发展到全方位立体式介入、全面和系统规划、多渠道多功能强化以及将法治宣传教育与普法工作作为一项重要的社会系统工程来予以高度重视，体现了法治宣传教育与普法各项工作之间的有机联系和整体性、系统性。立足于以往的工作经验，旨在提高法治宣传教育与普法工作的效率，不断发挥法治宣传教育与普法工作在提升公众法律意识、提高全民守法能力和水平方面的作用，从宏观发展战略的角度来审视法治宣传教育与普法工作，以"总体法治宣传教育观"来指导"七五"普法规划的贯彻落实，是法治宣传教育与普法工作再上一个新台阶的大趋势和必然。

　　与三十年前普法工作刚刚起步不同的是，今天的法治宣传教育与普法工作需要站得更高、看得更远，要从全面推进依法治国、建设中国特色社会主义法治体系和中国特色社会主义法治国家的战略高度来考虑问题。唯其如是，法治宣传教育与普法工作作为全面推进依法治国各项工作的重要环节才能保持自身持久的生命力，在全民守法、建设法治社会的过程中发挥自身应有的作用。

二 "总体法治宣传教育观"的价值要求

2016年是第七个五年普法规划实施的开局之年。①面向未来,在总结过去三十年六个五年普法工作经验的基础之上,如何进一步提升法治宣传教育工作的效率和水平,是贯彻落实党的十八届四中全会审议通过的《全面推进依法治国决定》所提出"增强全民法治观念,推进法治社会建设"精神的重要任务。面对已经持续了三十年的普法工作,需要开动脑筋,进一步解放思想,树立"总体法治宣传教育观",注重法治宣传教育与普法工作的全民性、全面性、统一性、主体性及与时俱进的特征,转变普法工作方式,实现从被动型"受法"到主动型"学法"的战略转型。

普法工作要走向深入,不能简单地沿袭传统的工作思路,必须要有新思维和新方式,特别是要结合党的十八届四中全会通过的《全面推进依法治国决定》,实现从被动型普法到主动型尊法学法的体制机制的大转变,

---

① 参见《中央宣传部、司法部关于在公民中开展法治宣传教育的第七个五年规划(2016—2020年)》。

使得"七五"普法工作再上一个新台阶。

"总体法治宣传教育观",是根据党的十八大、十八届四中全会提出的"全民守法、建设法治社会"的总体要求,以深入学习宣传习近平总书记关于全面依法治国的重要论述为出发点,由一切国家机关、社会组织和公民个人依法采取各种有效的宣传教育形式全面和系统地学习、领会和贯彻中国特色社会主义法治体系的内涵,形成尊法、知法、懂法、守法、用法的良好法律意识。"总体法治宣传教育观"具有以下几个方面的价值要求:

(一)"总体法治宣传教育观"突出了法治宣传教育与普法工作的全民性

《中央宣传部、司法部关于在公民中开展法治宣传教育的第七个五年规划(2016—2020 年)》(以下简称"七五"普法规划)明确指出第七个五年法治宣传教育工作的主要目标是:普法宣传教育机制进一步健全,法治宣传教育实效性进一步增强,依法治理进一步深化,全民法治观念和全体党员党章、党规意识明显增强,全社会厉行法治的积极性和主动性明显提高,形成守法光荣、违法可耻的社会氛围。据上可知，"七五"普法规划将法治宣传教育与普法工作指向了"全民""全体党员"和"全社会"，这就是说，在"七五"普法规划实施期间，法治宣传教育工作不只是少数几个单位或者部分人的特殊事务，全体社会公众都必须以各种方式主动或被动地投身到法治宣传教育工作中来，特别是法治宣传教育与普法工作的对象，更是针对所有不特定的社会公众的，用通俗的话来说，"普法工作人人有责"。

从"一五"普法开始，普法工作覆盖的对象就具有广泛性和全民性的特征。从 1986 年到 1990 年，全国 7 亿多人参加了普法学习，占普法对象总数的 93%。[①] 广大干部群众不同程度地接受了"十法一条例"的基本知识的启蒙教育，法制观念和法律意识逐步得到提高，学法、用法、护法的自觉性普遍增强。"二五"普法期间，各地方、各部门在普法教育中自觉做到了以学法促用法，以用法深化普法，依法治市、依法治县、依法治厂、依法治校、依法治村等各项依法治理活动得到进一步的开

---

① 朱磊：《法治中国 30 年：中国普法将法律交给亿万人民群众》，法制网，2008 年 11 月 16 日，参见 http：//www. legaldaily. com. cn/zt2009/2008－11/16/content_ 1121419. htm，2016 年 11 月 20 日最新访问。

展。"三五"普法期间，领导干部学法是普法的一个重点。在中央连续举办法制讲座的推动下，全国各级领导干部学法已经形成热潮，并逐步走上规范化、制度化。各地普遍建立了领导干部中心组学法制度、领导干部法律知识讲座制度、领导干部法律知识培训及考试考核制度。"四五"普法规划明确提出了努力实现"两个转变、两个提高"的目标，即努力实现提高全民法律意识向提高全民法律素质的转变，全面提高全体公民特别是各级领导干部的法律素质；实现由注重依靠行政手段管理向注重依靠运用法律手段管理的转变，不断提高全社会法治化管理水平。"四五"普法规划明确规定，将我国现行宪法实施日即12月4日，作为每年一次的全国法制宣传日。"四五"普法规划实施开始，普法工作全面引入了"全民性"的理念，从只重视"知识教育"逐渐转变为强调"能力素质"。按照"五五"普法规划的部署，深入推进领导干部、公务员、企业经营管理人员、青少年和农民等重点对象法制宣传教育工作的开展。

据统计，"五五"普法规划实施五年中，全国县级以上普法机构和相关部门共组织开展"法律六进"活动8万多次，各地机关、学校、社区、企业、乡村、单位等

共开展法制文艺等多种形式宣传 50 多万场次。① 作为
"六五普法规划"的法律推手，2011 年 4 月 22 日第十一
届全国人民代表大会常务委员会第二十次会议通过了
《全国人民代表大会常务委员会关于进一步加强法制宣传
教育的决议》。该《决议》要求，为适应全面建设小康
社会和"十二五"时期经济社会发展需要，全面落实依
法治国基本方略、加快建设社会主义法治国家进程，进
一步增强全社会法治观念，有必要从 2011 年到 2015 年
在全体公民中组织实施法制宣传教育第六个五年规划。

总之，从"一五"普法到"六五"普法，法治宣传
教育与普法工作的"全民性"越来越突出，不仅直接参加
普法宣传教育的受众范围不断扩大，而且法治宣传教育与
受众接触的方式也日益丰富，针对各类不同群体的普法工
作不仅覆盖范围广，而且形式多样，普法工作日益走进群
众、贴近群众、服务群众，让一般老百姓都能从法治宣传
教育与普法工作中直接受益，不仅学到了法律知识，更重
要的是提高了自身的法律素养，培养了良好的法律意识。

---

① 陈丽平：《"五五"普法规划顺利实施取得新成效》，法制网，2010
年 10 月 13 日，参见 http：//www. legaldaily. com. cn/index_ article/content/
2010 - 10/13/content_ 2315383. htm？ node = 5955，2016 年 11 月 20 日最新
访问。

"七五"普法规划在总结过去三十年普法工作的经验基础上，把法治宣传教育与普法工作坚持走群众路线放到了重要的位置。"七五"普法规划指出要坚持依靠群众，服务群众。以满足群众不断增长的法治需求为出发点和落脚点，以群众喜闻乐见、易于接受的方式开展法治宣传教育，增强全社会尊法、学法、守法、用法意识，使国家法律和党内法规为党员群众所掌握、所遵守、所运用，由此形成了法治宣传教育与普法工作的"全民性"，并为"总体法治宣传教育观"的形成奠定了可靠的群众基础。

（二）"总体法治宣传教育观"强调法治宣传教育与普法工作的全面性

从"一五"普法到"七五"普法，随着社会的不断发展、法治建设的不断加强和人民群众法律素质的不断提高，普法工作的内容发生了深刻变化，从最初的仅仅限于"普及法律常识"发展到"推进法治宣传教育与法治实践相结合""学用并举"，法治宣传教育与普法的制度功能发生了很大的变化，通过法治宣传教育与普法工作所达到的社会效果也涉及方方面面。

"一五"普法规划实施期间，"十法一条例"是普法重点内容，主要任务是在全体人民中普及法律常识。"二五"普法规划实施阶段成立了普法工作专门机构，普法内容主要以宪法为核心，以专业法为重点。"三五"普法工作强调了对领导干部的"普法"，抓住了法制宣传教育中的"关键少数"。此外，从"三五"普法开始，注重将"普法"与"依法治理"结合起来，强调了法制教育与法制实践的有机结合。"四五"普法工作注重普法工作的行业特点。"五五"普法推出了"法律六进"活动，关注普法工作的效果，形成了三十年中普法工作的一个相对高潮。"六五"普法实现了普法工作从"法制宣传教育"向"法治宣传教育"的转变，明确普法工作的"谁执法谁普法"的责任机制，将"依法普法"的法治理念引入普法领域，注重普法工作的监督和检查，将普法和依法治理工作纳入依法行政的轨道。

"七五"普法规划所规定的法治宣传教育与普法工作的内涵更加丰富，总共规定了"七项任务"。即深入学习宣传习近平总书记关于全面依法治国的重要论述；突出学习宣传宪法；深入宣传中国特色社会主义法律体系；深入学习宣传党内法规；推进社会主义法治文化建设；推进多层次多领域依法治理；推进法治教育与道德教育相结合等。与过去三十年普法工作的事项相比，很显然，"七五"普法规划所规定的"七五"普法规划实施期间法治宣传教育与普法工作的内容要更加"全面"，其中新增加了"深入学习宣传党内法规"，这深刻地反映了党的十八届四中全会《全面推进依法治国决定》关于建设完善的党内法规体系以及"依规治党"的核心精神，为执政党"依照党内法规管党治党"提供了必要的社会基础。

总之，经过三十年普法工作的努力，目前法治宣传教育与普法工作的内容涉及社会生活和国家生活的方方面面，并且与全面推进依法治国的各项要求紧密地结合在一起，成为加强法治建设、建设法治国家的制度推手。

（三）"总体法治宣传教育观"高度重视法治宣传教育与普法工作的统一性

"总体法治宣传教育观"不仅强调普法对象的广泛性和普法内容的全面性，还特别重视法治宣传教育与普法工作的领导和管理机制的协调和统一。从"一五"到"七五"，普法工作体制机制不断完善，从最初专门机关的专项工作逐渐发展到所有国家机关、社会组织和公民个人广泛参与的"全民事业"，在此背景下，加强对法治宣传教育与普法工作的集中统一领导，充分调动各方面的主动性和积极性，发挥法治宣传教育与普法工作的"整体性""统一性"成为"七五"普法规划实施期间的一项重要任务。"七五"普法规划强调指出：健全普法宣传教育机制。各级党委和政府要加强对普法工作的领导，宣传、文化、教育部门和人民团体要在普法教育中发挥职能作用。把法治教育纳入精神文明创建内容，开展群众性法治文化活动。人民团体、社会组织要在法治宣传教育中发挥积极作用，健全完善普法协调协作机制，根据各自特点和实际需要，有针对性地组织开展法治宣传教育活动。积极动员社会力量开展法治宣传教育，加强各级普法讲师团建设，选聘优秀法律和党内法规人才充实普法讲师团队伍，组织开展专题法治宣讲活动，充分发挥讲师团在普法工作中的重要作用。鼓励引导司法和行政执法人员、法律服务人员、大专院校法律专业师生加入普法志愿者队伍，畅通志愿者服务渠道，健全完善管理制度，培育一批普法志愿者优秀团队和品牌活动，提高志愿者普法宣传水平。加强工作考核评估，建立健全法治宣传教育工作考评指导标准和指标体系，完善考核办法和机制，注重考核结果的运用。健全激励机制，认真开展"七五"普法中期检查和总结验收，加强法治宣传教育先进集体、先进个人表彰工作。围绕贯彻中央关于法治宣传教育的总体部署，健全法治宣传教育工作基础制度，加强地方法治宣传教育条例制定和修订工作，制定国家法治宣传教育法。

根据"七五"普法规划的上述规定，法治宣传教育与普法工作是一项惠及全民的社会系统工程，必须要有顶层设计，适时制定国家法律层面的《法治宣传教育法》。基于《法治宣传教育法》的规定，建立统一协调、高效有序的领导体制。要从过去司法行政机关一家管"普法"向所有党政机构在宪法和法律规定的范围内都有进行法治宣传教育与普法工作的法律职责过渡。

应当说，法治宣传教育与普法工作的领导机制是逐渐加以完善的。"一五"普法规划的提法是"在各级党委和政府的统一领导下，由党委宣传部门和司法部门主管"；"二五"普法规划的提法是"在各级党委、人大和政府的统一领导和监督下，由党委宣传部门和司法行政部门主管"，增加了人大的监督，"三五"普法规划沿袭了"二五"普法规划的提法。"四五"普法规划将组织领导进一步明确为："党委领导、政府实施、人大监督、全社会参与的运作机制"。"五五"普法规划和"六五"普法规划都沿袭了这一提法。"六五"普法规划提出要在"进一步完善党委领导、人大监督、政府实施的领导体制"的基础上，建立健全各级普法依法治理领导小组，领导小组办公室日常工作由政府司法行政部门承担。

经费的保障也是逐步明确完善的。"一五"普法规划只是笼统地说"所需经费列入地方财政开支，一些必需购置的宣传设备，请各级党委、政府切实予以解决"。"二五"普法规划也笼统地表述"普及法律知识所需的经费和必需的宣传设备，由各级党委、政府尽可能予以解决"。"三五"普法规划将"解决"改成了"保证"，即规定"法制宣传教育所需的经费，由各级党委、政府予以保证"。"四五"普法规划的提法是"法制宣传教育和依法治理工作所需经费应列入各级政府的财政预算，保证工作的有效运转"。"五五"普法规划对经费问题提得较具体明确，在"组织领导和保障"的（四）中规定："各级政府要把普法依法治理工作经费列入财政预算，专款专用，根据经济社会发展水平制定地方普法依法治理工作经费保障标准。各部门各单位也要安排法制宣传教育专项经费，保证工作正常开展。""六五"普法规划中对于这一问题的规定又有了提升，即在"组织领导和保障"的（三）中规定："各级政府要把法制宣传教育经费纳入本级政府财政预算，切实予以保障。各部门各单位要根据实际情况统筹安排相关经费，保证法制宣传教育工作正常开展。""七五"普法规划则强调要加强对普法工作的领导，"各级党委和政府要把法治宣传教育纳入当地经济社会发展规划，定期听取法治宣传教育工作情况汇报，及时研究解决工作中的重大问题，把法治宣传教育纳入综合绩效考核、综治考核和文明创建考核内容。各级人大要加强对法治宣传教育工作的日常监督和专项检查。健全完善党委领导、人大监督、政府实施的法治宣传教育工作领导体制，加强各级法治宣传教育工作组织机构建设"。

（四）"总体法治宣传教育观"关注法治宣传教育与普法工作的主体性

从"七五"普法规划实施开始，贯彻落实"总体法治宣传教育观"的各项精神，在工作性质上不应再把"法治宣传教育"中的主体和客体做简单地区分，要强化参与意识、主体意识，改变过去的"灌输"模式，发挥每一个国家机关、社会组织和公民个人在法治宣传教育活动中的主动性和积极性，从"要我学法"向"我要学法"的方式转变。

过去三十年普法工作的实践表明，普法工作从机械的灌输逐渐向充分发挥普法对象学法的主体性转变，从单纯地追求普法对象的数量转而重视质量，并且强化了对特定人群和专门人员的法制宣传教育，起到了很好的效果。据不完全统计，仅仅是1986年"一五"普法的开局之年，全国普法对象七亿五千万人，已参加学习的有三亿人左右，约占百分之四十。为组织广大群众进行学习，全国培训了二百多万名法制宣传员和报告员。企业事业单位约有五千万名职工参加普法学习，占全国职工的半数左右。农村普法正在试点，大约有八千万人参加学习，占农村应学习人数的百分之十七。全国绝大多数中学都已开设法制课，多数小学结合品德课进行法制教育，中小学生受教育面约达一亿五千万人。①"二五"普法规划实施后，普法对象除了照顾到"面上"的广泛性，又关注了普法对象的特殊性。各地都比较重视对青少年的普法和法制宣传教

---

① 参见1987年5月19日中央宣传部和司法部印发的《关于第二次全国法制宣传教育工作会议情况的报告》的通知。

育，形成了 "法律进课堂" "青少年法制教育基地" 等形
式多样的针对青少年身心特点的普法和法制宣传教育模
式。近年来许多地方因地制宜地将普法对象的重点放到了
学生、农民、外来人口身上，在社会的综合治理中起到了
很好的作用，普法的成效与重点投入之间的正比例关系日
渐突出。各类普法对象逐渐从 "要我学法" 向 "我要找
法" "我要学法" 转化，普法中的学用结合起到了越来越
重要的强化法治宣传教育与普法工作效果的作用。

　　"七五" 普法规划还从加强普法工作责任制的角度来
强化法治宣传教育与普法工作的主体性。"七五" 普法
规划指出：实行国家机关 "谁执法谁普法"① 的普法工
作责任制，建立普法责任清单制度。建立法官、检察官、
行政执法人员、律师等以案释法制度，在执法司法实践
中广泛开展以案释法和警示教育，使案件审判、行政执
法、纠纷调解和法律服务的过程成为向群众弘扬法治精
神的过程。加强司法、行政执法案例整理编辑工作，推
动相关部门面向社会公众建立司法、行政执法典型案例
发布制度。落实 "谁主管谁负责" 的普法责任，各行

---

　　① 胡向东：《关于实行国家机关 "谁执法谁普法" 责任制的实践与思
考》，《中国司法》2015 年第 11 期。

业、各单位要在管理、服务过程中，结合行业特点和特定群体的法律需求，开展法治宣传教育。健全媒体公益普法制度，广播电视、报纸期刊、互联网和手机媒体等大众传媒要自觉履行普法责任，在重要版面、重要时段制作刊播普法公益广告，开设法治讲堂，针对社会热点和典型案（事）例开展及时权威的法律解读，积极引导社会法治风尚。各级党组织要坚持全面从严治党、依规治党，切实履行学习宣传党内法规的职责，把党内法规作为学习型党组织建设的重要内容，充分发挥正面典型倡导和反面案例警示作用，为党内法规的贯彻实施营造良好氛围。因此，以"谁执法谁普法"的普法工作责任制为契机，必然会充分调动各类执法主体在法治宣传教育与普法工作中的主动性与积极性，为"七五"普法工作的贯彻落实增添形式丰富的普法渠道。

（五）"总体法治宣传教育观"提倡法治宣传教育与普法工作方式应当与时俱进

随着社会不断发展，人民群众对法律知识和技能的需求也日益增长，而伴随着国家法律制度不断完善，法治宣传教育与普法工作面临的普法内容与任务也越来繁多、繁重，因此，在"七五"普法规划实施期间，贯彻落实"总体法治宣传教育观"必须具有与时俱进的工作思路，对法治宣传教育的形式遵循"有效性原则"，只要是能产生良好的法治宣传教育效果的形式和方式都可以针对不同群体来试点、推广和予以常态化，特别是要利用互联网等新技术的特点，实现"互联网＋法治宣传教育"的新型普法工作模式，彻底走出传统普法工作的思路。

法治宣传教育的内容要与时俱进，从最初的"在全体公民中普及法律常识"转变到如何贯彻中国特色社会主义法治体系上来。"总体法治宣传教育观"需要构建一个包含宪法实施、科学立法、严格执法、公正司法、全民守法、加强法治队伍建设和加强党对全面推进依法治国的领导等法治领域各个环节、各个方面的静态法律规定和动态法律实践相结合的法治要素集合体，要让国家机关、社会组织和公民个人通过法治宣传教育，既了解最基本的法律知识，同时也要对中国特色社会主义法治体系的运行实践有充分的理解和正确的认识，树立正确的法治观，养成良好的法治素养，努力营造有利于建设社会主义法治国家的法治文化氛围。

树立"总体法治宣传教育观",需要将普法的工作目标与法治宣传教育活动的特点有机结合起来,建立科学的法治宣传教育体制机制制度,构建具有开放性特征的"普法终身服务系统""互联网 + 法律服务体系""法律专家服务机制""法治宣传教育责任与评估机制"以及"法治宣传教育监督制度",以实效性为价值目标,全面提升法治宣传教育工作的质量,建立最广泛的社会公众参与机制,形成健康、可持续的法治文化生长和发展机制,推进法治社会的不断发育成熟,保证全面推进依法治国各项法治工作富有成效地向纵深发展。

总之,在"七五"普法规划实施期间,明确地提出"总体法治宣传教育观",并且根据"总体法治宣传教育观"的各项具体要求,强调普法工作中的主体性与责任心,从传统的政府司法行政部门主导逐渐转变为一切国家机关、社会组织和公民个人的自觉参与,从重视普法工作中的数量指标转而关注普法工作的质量和实效,充分发挥每一个普法参与者的主动性和积极性,努力形成稳定可靠的全民尊法、知法、懂法、守法、用法的法治宣传教育长效机制,这是中国特色法治宣传教育与普法工作的必由之路,前面有许多新问题需要不断地去探讨。

三　法治宣传教育与普法主体的"精细化"

从"一五"普法开始，普法工作是一项专门性的工作，一般由政府的司法行政机关来实行统一的领导和协调，普法工作的性质带有很强的部门和专业色彩。随着普法工作的深入，普法内容不断细化、普法对象不断扩大、普法力度不断加强，普法工作的"主体"也逐渐由司法行政机关不断向党政机构、社会组织甚至是公民个人延伸，普法主体日益"精细化"，各种类型、层次的普法主体都在本部门、本领域的范围内动员自身的普法力量来进行法治宣传教育与普法工作，充分体现了普法工作的"普遍性""广泛性"特征，形成了主体意义上的"总体法治宣传教育观"。围绕着"七五"普法规划关于普法主体广泛化和普遍化的要求，当前，实践"总体法治宣传教育观"意义上的法治宣传教育与普法主体的"精细化"，着重要抓好国家机关普法主体和包含企事业、社会组织和公民个人在内的社会化普法主体在法治宣传教育与普法工作中的责任落实问题。

（一）"谁执法谁普法"普法工作责任制的出现扩大了政府部门在法治宣传教育与普法工作领域的作用

党的十八届四中全会明确提出要实行国家机关"谁执法谁普法"的普法工作责任制，这是在新形势、新常态下对普法工作提出的新任务和新要求，也是全国各级普法机关和主体深入开展普法和法治宣传教育所面临的新机遇、新挑战。正确理解和有效推动落实"谁执法谁普法"责任制，对于切实发挥法治宣传教育在全面依法治国中的基础作用和国家的长治久安具有十分重要的现实意义。[①] 自 1986 年至今，全民普法已经走过了三十年，在全面依法治国的大背景下，普法的步伐不仅需要提速，更需要注重实效，而"谁执法谁普法"就是在这一背景下开出的一服良药。

1. "谁执法谁普法"责任制的提出和完善

如何理解"谁执法谁普法"责任制是关系到法治宣传教育能否普及、深入的一个重要问题，它有特定的内涵和外延。

---

① 胡向东：《关于实行国家机关"谁执法谁普法"责任制的实践与思考》，《中国司法》2015 年第 11 期。

第一，它是 2014 年 10 月 23 日党的十八届四中全会通过的《全面推进依法治国决定》中提出的一个新要求。在《全面推进依法治国决定》中的"五、增强全民法治观念，推进法治社会建设"（总共七个部分）第三节中提出：要健全普法宣传教育机制，各级党委和政府要加强对普法工作的领导，宣传、文化、教育部门和人民团体要在普法教育中发挥职能作用。实行国家机关"谁执法谁普法"的普法工作责任制，建立法官、检察官、行政执法人员、律师等以案释法制度，加强普法讲师团、普法志愿者队伍建设。把法治教育纳入精神文明创建内容，开展群众性法治文化活动，健全媒体公益普法制度，加强新媒体新技术在普法中的运用，提高普法实效。自《全面推进依法治国决定》提出要"实行国家机关'谁执法谁普法的普法工作责任制"，其后各地纷纷出台了"谁执法谁普法"责任制的部署和实施办法，展开了相关工作。①

第二，它是中宣部、司法部、全国普法办于 2014 年 12 月 17 日印发的《关于认真学习贯彻落实党的十八届四中全会精神　深入开展法治宣传教育的意见》中提出

---

① 吴晓静：《"谁执法谁普法"的思考》，《团结》2015 年第 5 期。

的一项法治宣传教育任务。这是对三十年普法工作经验的深刻总结和对普法规律认识的进一步深化，是推动法治宣传教育工作进一步发展的有力举措。

第三，它是 2016 年 4 月 28 日第十二届全国人大常委会第二十次会议通过的《全国人民代表大会常务委员会关于开展第七个五年法治宣传教育的决议》中第九项的重要内容。其原文如下："九、健全普法工作责任制。一切国家机关和武装力量、各政党和各人民团体、企业事业组织和其它社会组织都要高度重视法治宣传教育工作，按照'谁主管谁负责'的原则，认真履行普法责任。实行国家机关'谁执法谁普法'的普法工作责任制，建立普法责任清单制度。健全媒体公益普法制度，落实各类媒体的普法责任，在重要频道、重要版面、重要时段开展公益普法。把法治宣传教育纳入当地经济社会发展规划，进一步健全完善党委领导、人大监督、政府实施、部门各负其责、全社会共同参与的法治宣传教育工作体制机制。"按照司法部有关官员的解读，"谁执法谁普法"主要是针对执法机关和司法机关而言的，为使普法取得实效、落到实处，"七五"普法将建立法官、检察官、行政执法人员以及律师以案释法制度，通过法律专业人士在案件审判、行政执法、纠纷调处、法律服务的过程中解读来宣传法治。今后还将建立典型案例定期发布制度。"谁主管谁负责"与"谁执法谁普法"都是从普法工作责任制的角度来明确普法工作主体的，针对的都是依据宪法和法律规定具有一定的法定职权和职责的国家机构和党政机关，强调了普法工作是公共权力机构的重要法律职责。

第四，它是《中央宣传部、司法部关于在公民中开展法治宣传教育的第七个五年规划（2016—2020年）》所确定的三大普法工作机制之一——"健全普法工作责任制"的首要内容，即要"实行国家机关'谁执法谁普法'的普法工作责任制，建立普法责任清单制度。建立法官、检察官、行政执法人员、律师等以案释法制度，在执法司法实践中广泛开展以案释法和警示教育，使案件审判、行政执法、纠纷调解和法律服务的过程成为向群众弘扬法治精神的过程。加强司法、行政执法案例整理编辑工作，推动相关部门面向社会公众建立司法、行政执法典型案例发布制度。"

2. "六五"普法期间各地开展的"谁执法谁普法"实践活动

"谁执法谁普法"也是各省正在实施创新的一套法治

宣传教育办法。例如，早在2014年7月，云南省昆明市普法与依法治理办公室为认真贯彻落实中共中央《关于全面深化改革若干重大问题的决定》和昆明市委市政府"健全社会普法教育机制"的新要求，制定下发了《关于深入推进"谁主管谁普法、谁执法谁普法"工作实施意见》，确保全市各普法责任主体普法责任的落实。

2014年10月，四川省依法治省领导小组办公室、省委宣传部、省司法厅联合制定出台了《关于进一步完善"谁执法、谁普法"工作机制的实施意见》，将"谁执法、谁普法"工作纳入依法治省目标考核，定期对各部门的普法宣传工作进行抽查，对措施不力、工作不到位、目标未完成的单位，予以通报。其中四川省射洪县依法治县领导小组办公室、县委宣传部和县司法局还在2015年2月联合出台了《进一步完善谁执法谁普法工作机制的实施方案》，为推动"法律七进"工作，形成部门分工负责、各司其职、齐抓共管的普法工作格局打下基础。

2014年11月，中共宁夏回族自治区第十一届委员会第四次全体会议提出的《宁夏回族自治区全面推进依法治区的实施意见》中也强调：实行国家机关"谁主管谁普法、谁执法谁普法"的普法工作责任制，建立法官、检察官、行政执法人员、律师等以案释法制度，加强普法讲师团、普法志愿者队伍、普法"直通车"建设。健全、完善司法行政部门主管，全社会共同参与的普法联动机制。

2015年3月18日，内蒙古自治区依法治区领导小组普法专项工作组制定出台了《内蒙古自治区"谁执法谁普法"责任制》方案，正式推行"谁执法谁普法"责任制。根据内蒙古自治区司法厅的解释，"谁执法谁普法"即按照法律所调整的社会关系种类和所涉及的部门、行业，以各级党政机关、司法机关、人民团体、企事业单位、社会组织为主体，围绕推进系统内部法治化建设，抓好本部门、本系统、本行业内部的普法工作；围绕依法履行工作职能，向主管对象、执法对象、服务对象等宣传履行职能、职责的相关法律法规；围绕推进社会普法工作，充分发挥机关（系统、行业）的职能优势、人才优势、资源优势，向主管对象、执法对象、服务对象以及社会公众宣传、普及基本法律知识，自觉承担起应尽的普法工作社会责任。

2015年7月初，江苏省依法治省办、省法宣办、省法制办联合印发了《江苏省国家机关"谁执法谁普法"

责任制实施办法》。该《实施办法》明确，国家机关系指各级人民政府及其有行政执法权的工作部门，以及法律、法规授权行使行政执法权的组织，是社会主义法治建设的组织者、推动者和宣传者，负有开展法治宣传教育的职责义务。该《实施办法》要求，国家机关"谁执法谁普法"应坚持普法宣传和执法办案相结合的原则、条块责任与互联互动相结合的原则、日常宣传与集中宣传相结合的原则、普法宣传和促进社会治理相结合的原则。利用举案说法、以案释法等生动直观的方式普及法律知识，通过文明执法促进深度普法，通过广泛普法促进规范执法；落实属地管理责任和部门主体责任。该《实施办法》强调，国家机关办理行政许可、行政强制、行政处罚、行政征收、行政收费、行政检查、行政裁决等影响行政相对人和其他参与人实际权益，或者需要行政相对人和其他参与人承担义务的行政事务，涉及的法律法规都要进行宣传教育。在行政执法过程中，必须将相关的法律规定和依据，书面或口头告知行政相对人和其他参与人，让行政相对人和其他参与人学习和了解有关法律规定，让他们明白自己的违法行为和应受到的处罚及维权救济机制等。除涉及国家秘密、商业秘密和当事人隐私，执法的过程、执法的依据应按照政务公开的要求向社会公开，接受社会监督，执法中涉及的法律规定要进行广泛宣传，让社会普遍知晓。

3. "七五"普法对"谁执法谁普法"责任制的提升和实践

2016 年 2 月 19 日，全国普法办在印发的《2016 年全国普法依法治理工作要点》中指出，2016 年是"七五"普法的开局之年，普法依法治理工作的总体要求是：全面贯彻党的十八大和十八届三中、四中、五中全会精神，深入贯彻习近平总书记系列重要讲话精神和对法治宣传教育工作重要指示，在认真总结"六五"普法工作的基础上，着力抓好"七五"普法规划的组织实施，坚持把创新作为引领法治宣传教育工作发展的第一动力，以弘扬法治精神、培育法治信仰、推动法治实践为主要任务，以领导干部和青少年为重点对象，以推进法治文化建设和法治创建活动为重要抓手，以落实国家机关"谁执法谁普法"的普法工作责任制为机制保障，以"互联网＋法治宣传"为新平台，切实增强普法依法治理工作的针对性、实效性，努力为"十三五"时期经济社会发展营造良好的法治环境。为了更好地推动落实国家机关"谁执法谁普法"的普法工作责任制。司法部将会同有关部门制定《关于实行国家机关"谁执法谁普法"普法工作责任制的意见》，建立普法责任清单制度，推动各级国家机关履行普法责任，在做好本部门、本系统普法的同时，积极向社会普法，努力构建社会大普法格局。推动有关部门分别建立法官、检察官、行政执法人员、律师等以案释法制度，在执法司法实践中广泛开展以案释法工作和警示教育，使案件审判、行政执法、纠纷调解和法律服务的过程成为向群众弘扬法治精神的过程。加强司法、行政执法案例整理编辑工作，开展"以案释法"优秀案例征集活动。

2016年2月25日，江苏省法制宣传教育工作领导小组办公室率先印发了《江苏省法制宣传教育工作领导小组各成员单位2016年度法治宣传工作联动事项》的通知。该"通知"指出：为深入贯彻党的十八届四中全会关于"健全社会普法教育机制"的决策部署，全面落实"法治宣传教育水平居于全国领先行列"的目标要求，大力贯彻《江苏省国家机关"谁执法谁普法"责任制实施办法》，经各成员单位会商确定2016年度法治宣传工作51项联动事项。其联动事项包括：省委组织部出台省级层面的《非人大任命省管领导干部任前法律知识考试制度》等。省委宣传部联合省司法厅、省新闻出版广电局组织新闻媒体全方位、多渠道集中宣传"七五"普法规划的新内涵、新要求、新举措，营造浓厚的"七五"普法氛围等。省教育厅研制贯彻教育部《依法治教实施纲要（2016—2020 年）》的实施意见等。省公安厅联合省委宣传部、省综治办、省司法厅、省卫生厅、省新闻出版广电局、团省委、省妇联开展"全民禁毒宣传月"宣传活动等。省文化厅全面实施"法治文化作品创作繁荣行动"，联合省司法厅把法治题材纳入舞台艺术创作演出等。省新闻出版广电局联合省委宣传部、省司法厅等部门，指导各地主流媒体加强法治宣传、指导法治阅读等。省法制办联合省司法厅推动全省行政执法部门（机关）全面实施"谁执法谁普法"责任制等。省法院全面建立法官以案释法制度，通过巡回办案、巡回法庭、庭审直播等形式让群众受到直观的法治宣传教育。省检察院全面建立检察官以案释法制度，通过开展预防职务犯罪宣讲等活动，运用真实、具体的案例普及法律知识、弘扬法治精神、培育法治信仰。省司法厅与省委宣传部联合制定出台《2016 年全省法治宣传教育工作要点》；

联合省委宣传部、省农工办、省人力资源和社会保障厅部署开展第十届"农民工学法活动周";联合省委宣传部结合江苏实际切实做好"七五"普法规划编制工作等。

2016 年 3 月,陕西省委办公厅、省政府办公厅出台了《关于实行国家机关"谁执法谁普法"的普法工作责任制的意见》的通知,明确要求具有行政执法职能的国家机关、组织和司法机关实行"谁执法谁普法"。同时将每年 12 月 4 日所在周确定为"陕西省'12·4'法治宣传周"。该通知要求国家行政机关和法律、法规授权的组织要把法治宣传教育贯穿行政执法全过程,每年根据本部门的工作特点、重点和执法任务,制定针对性和操作性强的法治宣传教育计划和实施方案,有计划地组织开展面向社会的法治宣传活动。司法机关要坚持司法办案与法治教育相结合,在依法办案的过程中,注重对公民进行法治宣传教育,通过以案释法,让诉讼参与人和人民群众受到直观的法治教育,以公民有序参与促进公正司法,以公正司法促进社会法治意识不断增强。工会、共青团、妇联、残联、侨联、台联等人民团体和社会组织应结合工作职能和工作特点,积极开展法治宣传教育,维护本团体和组织的合法权益，推动法律实施。并把落实国家机关"谁执法谁普法"责任制纳入各级党委、政府年度目标责任考核、精神文明创建和平安建设考核内容。

4. "谁执法谁普法"的特殊功效和意义

有学者认为，"谁执法谁普法"只是普法的一种机制，并不是唯一机制。普法和法治宣传教育要做到无缝普及和全面深入，还需要各行各业各部门发挥各自的职能作用。比如，司法部门负责综合普法工作，环保、林业、农业、海洋、教育等部门负责各自领域相关法律法规的普及，这样既有综合的普法，又有某一个部门的普法，相互协调起来才能共同提高整个社会的法治意识和法治水平。① 尽管如此，从重点与全面、特殊与一般的关系看，"谁执法谁普法"无疑是一个重点和特殊的普法机制。执法人员直接普法具有天然的优势。严格执法、公正司法是法治信仰最好的支撑，也是最好的普法实践。因此，将普法与执法关联捆绑在一起具有特定的功效。

首先，执法者同时又是普法者，在执法过程中，就会

----

① 李军：《"谁执法谁普法"如何落到实处?》，《中华环境》2014 年第 11 期。

端正其自身的行为。其次，执法者在普法的过程中，也会通过群众的反馈和质疑，发现和反思执法过程中存在的问题和不足。这是一种高效的、一举两得甚至一举多得的法治宣传教育办法。另外，国家机关的工作涉及人民群众学习、生活、工作的方方面面，由执法者在为人民群众办事的过程中进行普法教育，更具有亲历性和普及性，更利于人民群众接受。例如，交管部门宣传交通法规，税务部门宣传税法，劳动保障部门宣传劳动保障的相关法律法规等，均能产生影响深远的法治宣传教育效果。

总之，"谁执法谁普法"的普法工作责任制的落实有利于全民普法、推进法治社会建设，有利于推进依法行政、加快法治政府建设，有利于提高司法公信力、保证公正司法，有利于弘扬法治精神、培养法治信仰，有利于社会形成运用法律解决问题的思维和习惯。[1]

（二）普法主体应当由政府主导逐步向普法主体的"社会化"过渡

1986 年"一五"普法正式展开，至今全民普法工作

---

[1] 彭文：《"谁执法谁普法"对法治中国建设的意义》，《法制博览》2016 年第 9 期。

已经顺利实施了三十年，法治宣传教育在服务经济社会发展、维护社会和谐稳定、建设社会主义法治国家中发挥了重要作用。2016 年是"七五"普法的开局之年，在全面推进依法治国，加快建设社会主义法治国家的时代语境之下，以"五五"普法提出要增强全体公民的社会主义法治理念，"六五"普法进一步提出要深入开展社会主义法治理念教育、推进社会主义法治文化建设、弘扬社会主义法治精神为基础，《中央宣传部、司法部关于在公民中开展法治宣传教育的第七个五年规划（2016—2020 年）》将推进社会主义法治文化建设作为主要任务之一，体现了法治理念和法治精神培育在法治宣传教育中的重要性。这意味着，"七五"普法将实现从法制宣传教育向法治宣传教育、从全民普法向社会普法的双重转变，其普法的对象、内容、目标、任务、机制、方式和成效都将进入一个新的阶段。可见，"七五"普法期间的法治宣传教育既是法治建设的基础性工程，也必将是一项宏大的社会工程，要实现"七五"普法的目标和任务必须有效整合社会资源，积极探索、创新社会组织和公民参与法治宣传教育的机制、途径和平台建设，形成法治宣传教育的合力，彰显"总体法治宣传教育观"

的价值内涵。国家与社会协调发展、国家法治与社会法治同步推进也是现代化治理在法治建设和法治宣传教育工作中的具体体现，符合国家治理与社会治理有机结合、高效互动的综合治理趋势。

1. 社会普法的背景与特征

从"一五"至"六五"普法（1986—2015 年），全民普法已完成阶段性历史任务。随着党的十八届三中全会提出"健全社会普法教育机制，增强全民法治观念"，党的十八届四中全会《全面推进依法治国决定》把"增强全民法治观念"列为六大重点任务之一，详细阐明了法治宣传教育的地位作用、总体目标、基本方法，对法治宣传教育工作提出了新要求。《全面推进依法治国决定》把全民普法和守法作为依法治国的长期基础性工作，进一步明确了法治宣传教育的战略地位，明确了"推动全社会树立法治意识"的重大任务，提出"健全普法宣传教育机制"并将其纳入国民教育体系及社会精神文明建设重要内容，这标志着普法已完成了阶段性的全民普及法律常识任务，步入了开展社会普法教育、培养法治精神和弘扬法治文明的新的历史阶段，普法宣传教育工作也将开始走向机制化和社会化，成为培育全社会尊崇法治和全面推进依法治国的重要组成部分。

相较于"法制宣传教育"，"法治宣传教育"的内涵发生了深刻变化，既包括对法律体系、法律制度和法律知识的宣传，也包括对立法、执法、司法、守法等一系列法律实践活动的宣传，更加突出法治理念和法治精神培育，更加突出运用法治思维和法治方式的能力培养，更加突出推进社会主义法治文化建设。法治文化的建设，需要渗入全社会，也需要全社会的力量来参与，因此法治文化建设必然推动法治宣传教育走向社会化，也必然需要法治宣传教育社会机制的建设和完善。由此可见，"七五"普法将进入一个社会普法的新时代。

与全民普法相比，社会普法体现出四个方面的主要特征。①

一是社会普法的广域性。社会普法对象范畴大于全民普法对象范畴，不仅包括公民，还包括机关、社会组织以及国家治理和社会管理的各个环节和领域。从社会主义法治建设的环节来说，社会普法包括了立法、司法、执法、法治宣传教育、法律服务、法律保障、法律监督

---

① 周文：《新时期法治宣传教育工作的趋势及走向》，《中国司法》2015 年第 7 期。

以及依法执政、依法行政等各个方面；从法治宣传教育工作的角度来说，社会普法包括了普法教育、依法治理、法治创建三项职能。

二是社会普法的机制性。实施社会普法宣传教育是一项浩大的社会系统工程，只有建立有效的社会机制才能实现社会普法目标。党的十八届四中全会通过的《全面推进依法治国决定》提出了建立普法宣传教育的"八大机制"，即建立领导干部任前法律考试考核机制、建立公务员培训和法律考试机制、建立国家机关"谁执法谁普法"机制、建立司法机关和律师等以案释法制度、将普法纳入国民教育体系、建立媒体公益普法制度、将学法用法情况列入精神文明创建重要内容、完善守法诚信褒奖机制和违法失信行为惩戒机制，这是实施社会普法宣传教育的基础和前提。

三是社会普法内容和目标的多元性。全民普法侧重于法律制度和法律知识的普及宣传，重点在对公民"知法、懂法、守法"的宣传教育上。社会普法不但要使全体公民知法、懂法、守法和依法维权，而且要在全社会培育敬畏法律、崇尚法治的意识，其目的是在全社会培育法治文化和弘扬法治精神。

四是社会普法的效果性。社会普法宣传教育的一个重要标志是其社会教育的效果性。一切普法形式、渠道、载体、方法，最终都是要达到社会法治宣传教育效果。社会普法宣传教育效果具体包括普法的社会宣传普及面、群众参与度以及地区的法治文明环境状况等。

总之，从"普及法律知识"到"提高法律素质"，再到"弘扬法治精神、树立法治理念"，是对我国社会主义法治认识不断深化的重要成果。实现向法治宣传教育和社会普法的转换，必须在完善法治宣传教育制度、创新普法形式、提升普法成效上下功夫。扩展法治宣传教育的主体范围，加强社会组织和公民参与法治宣传教育的机制和平台建设，就是一种有益的探索。

2. 法治宣传教育主体范围的扩展

落实普法主体责任，是增强法治建设和法治宣传教育针对性和实效性的前提和基础。"七五"普法规划健全了普法工作责任制。"七五"普法规划提出，各级党委和政府对法治宣传教育负有领导责任，宣传、文化、教育部门和人民团体要发挥职能作用。同时规划要求，实行国家机关"谁执法谁普法"的普法工作责任制，建立普法责任清单制度。这样的规定避免了普法责任虚化，有利于普法工作的真正落实。

根据"七五"普法规划的规定，法治宣传教育主体范围包括：党委宣传部门、政府司法行政部门和法治建设领导小组办公室负责组织、协调、指导和检查普法规划的实施工作；各部门各行业负责本部门本行业法制宣传教育工作，按照"谁执法谁普法、谁管理谁普法、谁服务谁普法"的原则，积极面向社会开展本部门本行业相关法律法规的宣传教育；各类媒体要积极承担公益性法制宣传教育责任；鼓励引导各类社会组织和公民参与、支持法制宣传教育工作。

由此可见，法治宣传教育的主体范围呈现出一个不断扩展的过程和趋势。首先是由最初以司法行政机关为核心的行政主导式的普法方式向实行国家机关"谁执法谁普法"普法工作责任制的转变。"谁执法谁普法"的核心是落实普法主体责任。国家机关系统内的各部门各单位，只要有执法权的就要在执法的范围内同时承担法治宣传教育的职责，进而形成普法工作合力，并实现在法治建设的实践中普法的目的。这里的执法并不仅仅是指行政执法，也包括建立法官、检察官以案释法制度，即依托宣传资源平台，引导司法机关定期向社会发布典型案例，释明证据采用、事实认定、法律适用，让人民群众了解司法过程，以公开促公正，塑造司法公信力。此外，立法机关以及立法活动也应该成为一个法治宣传教育的平台，立法机关在立法实践中也应该承担"谁执法谁普法"的主体责任，这才符合"谁主管谁负责"的普法工作责任制的要求。

其次是要健全媒体公益普法制度，引导媒体积极开展公益法治宣传教育活动，以法治思维和法治方式报道社会热点事件，为舆论引导提供正能量。

最后，也是目前最为薄弱的，就是探索建立社会力量参与普法的机制，进一步创新方式，鼓励引导各类社会组织和公民参与、支持法制宣传教育工作。

3. 法治宣传教育多元共治新实践：社会力量参与普法实例分析

现代化治理的精髓就是国家与社会共同参与治理，在法治宣传教育领域亦是如此。具体而言，建设社会主义法治国家要求法治宣传教育改变政府统包统揽的工作理念，有效整合各方资源，形成"多元化"普法主体，共同提升法治宣传教育的质效。

　　2015 年 5 月至 2016 年 6 月，中国社会科学院法学研究所、国际法研究所法治战略研究部刘小妹副秘书长承担了北京市社会建设专项资金购买社会组织服务项目之子项目"北京市法学会法学法律专家基层公益行"①。在组织项目实施的过程中，课题组联合北京市法学会立法学研究会、中国社会科学院法学研究所法治宣传教育与公法研究中心、密云区司法局、中国民主法制出版社、中国法学网等多家机构和单位，以"法学法律专家基层公益行"为主题，具体实践"总体法治宣传教育观"的价值要求，对北京市密云区的 20 个镇街开展了全覆盖的"法治在身边，普法村居行"巡回法治讲座活动，活动充分整合了普法机构、社会组织、法学研究机构、企业和媒体的行政资源、专家和专业资源、社会资金和社会资源以及媒体公益普法资源，收到了很好的普法效果和社会反响，应该是社会组织和法学专家（公民）参与法治宣传教育的一次非常成果，也是非常有理论和实践意义的一次探索。

　　此次"法学法律专家基层公益行"活动以党的十八

---

　　① 黄贤达：《"法学法律专家基层公益行"密云区巡回法治讲座正式启动》，中国法学网，参见 http：//www. iolaw. org. cn/showNews. aspx？id = 51143，2016 年 11 月 20 日最新访问。

届三中、四中、五中全会精神和"七五"普法规划为指导，邀请中国社会科学院、北京市法学会立法学研究会的五名专家组成讲师团，集中在半个月内，对密云区 20 个镇街举行了全覆盖的巡回法治讲座。讲座面向基层干部群众开展普法宣传教育工作，内容包括《法治的中国特色与中国道路》《法治思维养成》《公共生活与我》《我的三个身份与法律权利》《生活在民法之下》五个专题，宣传与生活密切相关的宪法行政法、经济法、民法、婚姻家庭、劳动法等法律知识，培养基层群众的法治思维和权利意识。为了建立普法长效机制，课题组还邀请了五位知名法学专家，联合五位讲师团专家组成编辑委员会，通过多次的研讨和反复的修改，编辑了《生活中的法》宪法行政法篇、经济社会篇、民事法律篇、以案释法篇四本普法宣传资料，共计 9 万余字，由民主法制出版社精美印制后，在普法现场发给村居民。

为了扩大"法学法律专家基层公益行"活动的社会效果，激发更多的社会力量参与到法治宣传教育工作中来，活动邀请了《农民日报》、中国法学网、中国普法创新网等多家媒体对活动进行了报道宣传，这也是媒体公益普法的重要形式。特别值得指出的是，此次活动中的研究机构、企业、专家顾问和讲师团专家都是以公益的形式参与，特别是中国社会科学院法学研究所法治宣传教育与公法研究中心及中心的各位法学专家，将此次活动视为深入基层开展法治宣传的一项重要公益活动，致力于与各方共同推进密云区法治建设进程，切实发挥法治宣传教育对维护社会稳定、促进社会和谐、助推经济发展等工作的基础性作用。

在密云区 20 个镇街开展法治宣讲的过程中，课题组同时对密云区部分镇街的法治宣传教育情况进行了调研，与参加普法活动的村居民进行了交谈，并在活动现场发放了 1918 份《"北京市法学会法学法律专家基层公益行"项目之"基层民主自治中的法治保障"项目意见反馈表》，并收回 1067 份有效作答的《项目意见反馈表》，占发放表格的 56%。根据调研、交谈和《项目意见反馈表》收集到的情况，密云区多个镇街在此前从未采取过这种形式的普法，各司法所表示受制于普法资源的有限性，像这样的法治宣传教育形式不借助社会力量、不进行资源整合是难以推行的。从《项目意见反馈表》的反馈情况来看，所有收回问卷在"将来还会否参加类似普法活动"一栏都选择了"是"，并且 99.8% 的村居民对项目的实施表示非常满意或满意，详见图 1。

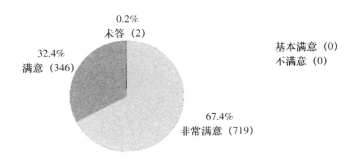

图1　"北京市法学会法学法律专家基层公益行"项目收集到的意见反馈

在此次活动中，密云区法制宣传教育领导小组、密云区司法局、参与公益普法的专家学者以及参加普法的村居民都形成了一个共识：有社会力量参与的多元共治的普法新模式收到了良好的法治宣传教育效果，应该成为未来创新普法方式的一种新趋势。

4. 社会组织和公民参与法治宣传教育是普法领域供给关系的结构性优化

法治宣传教育是法治建设的长期性、基础性工作，如何增强普法工作实效，根本在于引导和平衡法治宣传教育内容（公共产品）的供需关系，为普法对象提供有效、有用、有针对性、有现实需求的普法内容。现实生活中，群众的法治需求是丰富多样的，即便是"谁执法谁普法"的模式，国家机关行政主导型的普法所提供的公共法治宣传产品也是有限的，只有多元主体参与普法，探索多元共治的普法新实践，才能产生并供给符合群众需要的普法产品。

以社会组织和公民参与法治宣传教育的方式来优化普法领域的供给关系，首先体现在普法主体范围的扩展上，与此相应，社会组织和公民参与普法将极大丰富普法资源，使得普法产品的供给出现更多的可能性。其次，由于普法主体范围的扩展，相应的多元普法主体所提供的普法内容也更加丰富、更有针对性，能够更好地满足各种对象的普法需求。最后，社会组织和公民参与法治宣传教育的多元共治普法模式将具有更大的灵活性，在普法方式上也将突破传统的时空限制，可以整合政府的、公共的、社会的、公民个人的场地资源，可以利用零碎的时间，在不同的范围，针对不同的需求，开展不同形式的普法活动。因此可以说，社会力量参与普法的多元共治模式，以需求为导向，减少了对行政动员的依赖，也更加能适应信息化时代的碎片化生活方式。

由此可见，就像经济结构战略性调整过程中的供给侧改革一样，社会组织和公民参与法治宣传教育可以极大地优化普法领域供给关系，提高多元、有效的普法产品，实现法治宣传教育领域的"供给侧改革"。

5. 社会组织和公民参与法治宣传教育机制和平台建设的几点构想

在实践中贯彻落实"总体法治宣传教育观"所提出的普法主体广泛性和普遍化的要求，关键是要针对普法对象的内在需求，建立学法需求与普法供给之间的动态平衡关系。社会组织和公民参与法治宣传教育对于优化普法产品的供需关系、增强法治宣传教育的实效性具有重要的意义，同时，社会上也存在着大量愿意并有社会责任感和能力参与法治宣传教育的社会组织、法学研究机构、企业及法学专家、律师等，因此，"七五"普法过程中亟须完善社会组织和公民参与法治宣传教育的机制和平台建设，以整合资源，形成合力，极大扩展法治宣传教育的成效，助力社会主义法治文化培育和法治国家建设。对此，本报告粗浅提出几点设想，供学界讨论。

一是，研究并逐步建立社会组织和公民参与法治宣传教育的机制。机制建设最为根本和重要。以上述所举的社会力量参与普法的实例来看，虽然普法活动取得了很好的效果，但这种普法形式的开展是一个很偶然的机会。首先，课题组只是承担了北京市政府购买社会组织服务项目的一个子项目，社工委具体资助的项目名称是"基层民主自治模式创新项目"，课题组作为课题的具体组织者和实施者，基于多年基层民主法治建设研究的经验，将项目实施的重点放在了基层民主自治中的法治保障方面。其次，由于课题组负责人刘小妹副研究员同时是北京市法学会立法学研究会和中国社会科学院法学研究所法治宣传教育与公法研究中心的副秘书长，依托两个机构所拥有的专家资源和社会资源才进而可以组织比较专业的编辑和宣讲团队。再次，普法也需要有普法对象对普法需求的准确信息，目前在司法行政部门普法大数据建设尚不完善的情况下，此次活动有幸得到了密云区司法局的大力支持，使得普法供需两方的信息得到了充分的沟通。最后，课题组负责人刘小妹副研究员作为中国法学网网站站长，有志于媒体公益普法实践，也对活动的社会宣传有所助力。①

---

① 黄贤达：《"法学法律专家基层公益行"密云区巡回法治讲座正式启动》，中国法学网，参见 http：//www. iolaw. org. cn/showNews. aspx？id = 51143，2016 年 11 月 20 日最新访问。

　　由上可见，这样的公益普法效果虽好，但是如果没有机制做保障也难以持续和推广。具体的机制建设可包括逐步建立政府购买、社会投入、公益赞助和市场运作相结合的社会普法教育运行体制，探索以项目化方式、以招投标形式开展专业普法教育的模式；推动建立普法专家人才库和综合性普法教育资料库，加快成立普法志愿者协会和普法工作室，积极引导社会上的专业普法组织和专业人员参与普法教育工作，有效满足不同对象的普法需求。

　　二是重视互联网平台的建设和运用。在信息化时代，能够整合时间、空间和社会资源的平台建设是成功的关键所在。社会组织和公民参与法治宣传教育是一个多元互动的过程，必须注重发挥信息化平台的集聚效应。一方面要将国家机关，特别是司法行政部门的普法数据，按照分级管理的原则，努力实现法治宣传教育组织网络和数据的互联互通与共享；另一方面要加大法治宣传教育管理软件平台研发力度，实现普法的各个要素、环节和各方资源的整合与共享。希望在不久的将来，借助信息平台，我们可以根据自己的时间和专业，灵活地在互联网上预约或提供普法产品。

　　三是加强监管，规范普法内容。法治宣传教育作为全民教育的一项重要内容，关系到公民的素质培养，也关系到民主政治建设的根本，因此对于社会组织和公民参与法治宣传教育也要加强监管，引导社会力量制度化、程序化地参与法治宣传教育活动。首先，对于社会组织和公民参与法治宣传教育可以建立一定的资格审查制度，对普法的内容可以出台纲要进行引导，对于参与普法的程序可以进行科学的规范。保障社会组织和公民能把握好普法工作重点，围绕中心工作、社会稳定、民生问题等参与法治宣传教育。其次，社会组织和公民的法治水平和法治资源参差不齐，要通过监管保障社会力量普法的质量，防止低俗、错误的普法内容流向社会和群众。最后，法治宣传教育是全民教育的重要组成部分，要坚持正确的指导思想，坚持中国特色社会主义法治建设的道路，通过监管防范境内外不法社会资金和社会组织在普法领域的渗透，推动全社会形成与经济社会发展水平相适应的权利观、法治观。

四 法治宣传教育与普法对象的"全覆盖"

从 1986 年"一五"普法规划实施开始，普法对象以及对普法对象的"普法要求"一直就是六个五年普法规划关注的"重点"，也是每个五年普法工作的"焦点"。总结六个五年普法规划对普法对象的规定，最大的特征就是在抽象意义上将"公民"与"重点对象"结合起来，但是，在普法工作实际中，除了"普法重点对象"得到了普法机构的"关注"外，对于一般社会公众来说，"普法对象"的范围并不很确定。

表1　　　　　　六个五年普法规划的"对象"和"要求"比较

普法规划	对象和要求
"一五"	笼统表述：普法对象是工人、农（牧、渔）民、知识分子、干部、学生、军人、其他劳动者和城镇居民中一切有接受教育能力的公民。重点对象：第一是各级干部，尤其是各级领导干部；第二是青少年。普及法律常识，对不同职业的公民应有不同的要求。各级领导干部要多学一点，学深一点。在青少年中普及法律常识，要由浅入深，循序渐进，打好基础

普法规划	对象和要求
"二五"	对象是：工人、农（牧、渔）民、知识分子、干部、学生、军人、个体劳动者以及其他一切有接受教育能力的公民。重点对象是：县、团级以上各级领导干部，特别是党、政、军高级干部；执法人员，包括司法人员和行政执法人员；青少年，特别是大、中学校的在校生。具体要求：（一）深入普及宪法和有关法律常识。（二）县、团级以上领导干部除了学习掌握与自己主管的工作密切相关的法律知识外，还要学习社会主义法制理论，学习宪法学理论。（三）各行各业的干部要熟悉本行业、本单位负责执行的以及同自己工作密切相关的法律知识。（四）广大群众要基本了解同自己工作、生产和生活密切相关的法律常识。（五）大、中、小学校要进一步完善学校的法制教育体系，努力实现法制教育系统化，增强学生的法制观念
"三五"	对象是：工人、农（牧、渔）民、知识分子、干部、企业经营管理人员、学生、军人和个体劳动者以及其他一切有接受教育能力的公民。其中重点对象是：县、处级以上领导干部，司法人员，行政执法人员，企业经营管理人员，青少年。基本要求：1. 一切有接受教育能力的公民都要学习宪法和基本法律知识。2. 县、处级以上领导干部要在深入学习邓小平同志关于社会主义民主与法制建设理论的基础上，重点了解和掌握宪法、国家赔偿法、行政处罚法、行政诉讼法等。3. 司法人员和行政执法人员要熟练掌握和运用与本职工作相关的法律、法规。4. 企业经营管理人员要着重掌握公司法、劳动法等与社会主义市场经济密切相关的法律、法规。5. 青少年的法制宣传教育要常抓不懈

普法规划	对象和要求
"四五"	未单列对象。工作要求：（一）一切有接受教育能力的公民，都要认真学习宪法和国家基本法律知识，不断增强社会主义民主法制意识，努力做到学法、知法、守法、用法、护法。各级领导干部、司法和行政执法人员、青少年、企业经营管理人员是法制宣传教育的重点对象。（二）坚持学法和用法相结合，积极开展地方依法治理。（三）建立健全领导干部法制讲座制度、理论中心组学法制度、法律培训制度、重大决策前的法律咨询审核制度及任前法律知识考试考核等制度，有条件的地方也可以实施法律知识任职资格制度。积极推进各级政府法律顾问制度
"五五"	对象和要求：（一）法制宣传教育的对象是一切有接受教育能力的公民。广大公民要结合工作、生产、学习和生活实际，自觉学习法律，维护法律权威。要重点加强对领导干部、公务员、青少年、企业经营管理人员和农民的法制宣传教育。（二）加强领导干部法制宣传教育，着力提高依法执政能力。（三）加强公务员法制宣传教育，着力提高依法行政和公正司法能力。（四）加强青少年法制宣传教育，着力培养法制观念。（五）加强企业经营管理人员法制宣传教育，着力提高依法经营、依法管理能力。（六）加强农民法制宣传教育，着力提高农民法律素质
"六五"	对象和要求：法制宣传教育的对象是一切有接受教育能力的公民。重点加强对领导干部、公务员、青少年、企事业经营管理人员和农民的法制宣传教育，把领导干部和青少年作为重中之重。（一）切实加强领导干部学法、守法、用法。（二）大力推进公务员学法、守法、用法。（三）深入开展青少年法制宣传教育。（四）积极开展企事业经营管理人员法制宣传教育。（五）扎实开展农民法制宣传教育

　　从上述比较中，可以看出，"对象"和"要求"的表述，开始是分列的，"二五"普法规划分列为"对象"和"具体要求"，"三五"普法规划中分列为"对象"和"基本要求"。"四五"普法规划中未单列"对象"，将其纳入了"工作要求"当中。"五五"和"六五"普法规划统一列为"对象和要求"，并分人分点（领导干部、公务员、青少年、企事业经营管理人员、农民）予以表述。

　　从"总体法治宣传教育观"的价值要求来看，"普法"中的"普"其基本内涵是"普遍""普及"，而"普"的主要内容应当指向被普法的对象，因此，向一切有接受教育能力的公民进行法治宣传教育与普法是普法工作的本意和既定目标，为此，法治宣传教育与普法工作机制的核心事项必须围绕如何保证符合条件的公民最大范围地获得平等和有效的普法资源展开。"七五"普法规划也规定：法治宣传教育的对象是一切有接受教育能力的公民，重点是领导干部和青少年。但是，如何能让符合条件的一切有接受教育能力的公民都能够获得均等的接受普法教育的机会，这个问题并没有在理论上被彻底解决。在普法工作实践中，为了保证符合条件的公民能够享有普法资源，先后采取了普法工作"基层化"、普法重心下移、普法工作"具体化"、"法律六进"、"法律八进"等比较实效化的措施，但在普法理念上并没有形成普法对象"全覆盖"的工作格局。从"总体法治宣传教育观"出发，必须要有针对性来拓展"普法对象"的范围，实践"普法"对象对内、对外两个方向的"全渗透"，也就是说，普法工作要向最底层渗透、向各领域渗透，形成普法与法治文化有机结合的"普法文化"机制；与此同时，普法也要向外发展，要利用一切机会做好涉外法治宣传教育与普法工作，形成普法工作"全覆盖"的大格局。

（一）"法律进宗教活动场所"是普法工作深入各个领域的内在要求

我国是个多宗教的国家，信教人士信奉的主要有佛教、道教、伊斯兰教、天主教和基督教。根据现行宪法，中国公民享有宗教信仰自由的权利。据不完全统计，中国现有各种宗教信徒一亿多人，经批准开放的宗教活动场所近 13.9 万处，宗教教职人员 36 万余人，宗教团体5500 多个。宗教团体还办有培养宗教教职人员的宗教院校 100 余所。佛教在中国已有 2000 年历史。据统计，中国有佛教寺院 3.3 万余座，出家僧尼约 20 万人，其中藏语系佛教的喇嘛、尼姑约 12 万人，活佛 1700 余人，寺院 3000 余座；巴利语系佛教的比丘、长老近万人，寺院 1600 余座。道教发源于中国，已有一千七百多年历史。中国现有道教宫观 9000 余座，干道、坤道 5 万余人。伊斯兰教于公元 7 世纪传入中国。伊斯兰教为回族、维吾尔族等 10 个少数民族中的群众所信仰。这些少数民族总人口约 2100 多万，现有清真寺 3.5 万余座，伊玛目、阿訇 4.5 万余人。天主教自公元 7 世纪起几度传入中国，1840 年鸦片战争后大规模传入。中国现有天主教徒约 550 多万人，教职人员约 7000 多人，教堂、会所约 6000 处。基督教（新教）于公元 19 世纪初传入中国，并在鸦片战争后大规模传入。中国现有基督信徒约 2305 万人，教牧传道人员 3.7 万余人，教堂 2.5 万余座，简易活动场所（聚会点）3 万余处。①

目前，我国全国性的宗教团体有中国佛教协会、中国道教协会、中国伊斯兰教协会、中国天主教爱国会、

---

①　参见国务院新闻办公室 2014 年 7 月 14 日发布的《中国的宗教信仰自由状况》白皮书。

中国天主教主教团、中国基督教三自爱国运动委员会及中国基督教协会等。各宗教团体自主地办理教务，并根据需要开办宗教院校，印刷发行宗教经典，出版宗教刊物，兴办社会公益服务事业。我国实行宗教与教育分离的原则，在国民教育中，不对学生进行宗教教育。部分高等院校及研究机构开展宗教学的教学和研究。20 世纪80 年代以来，基督教每年恢复、新建教堂约 600 所；到2011 年年底，累计印刷发行《圣经》达 5800 多万册，并受到多种免税优惠；从 1958 年至今，中国天主教已先后自选自圣主教近 200 位。近十余年中国天主教培养、祝圣的年轻神甫有 900 多人。① 中华人民共和国成立后，政府制定和实施了宗教信仰自由政策，建立起了符合国情的政教关系。各种宗教地位平等，和谐共处，未发生过宗教纷争；信教与不信教的公民之间也彼此尊重，团结和睦。

虽然我国目前尚未制定出台《宗教基本法》，但有关宗教组织法律地位的规定散见于各种行政法规、部委规章和地方性法规中。目前在行政法规层面的主要有《宗教事

---

① 参见国务院新闻办公室 2014 年 7 月 14 日发布的《中国的宗教信仰自由状况》白皮书。

务条例》①《中华人民共和国境内外国人宗教活动管理规定》②，部委规章有国家宗教事务局发布的《宗教活动场所设立审批和登记办法》③《宗教活动场所主要教职任职备案办法》④《宗教教职人员备案办法》⑤《宗教院校设立办法》⑥，国家宗教事务局、国家外国专家局和公安部联合发布的《宗教院校聘用外籍专业人员办法》⑦、国家工商行政管理局发布的《关于加强对含有宗教内容广告管理的通知》⑧ 等，有立法权的地方人大和人民政府也先后制定和发布了有关宗教组织法律地位的相关地方性法规和地方政府规章，例如《广州市宗教事务管理条例》《广州市宗教事务行政管理暂行规定》《上海市宗教事务条例》《浙

---

① 《宗教事务条例》已于 2004 年 7 月 7 日国务院第 57 次常务会议通过，自 2005 年 3 月 1 日起施行。

② 1994 年 1 月 31 日第 144 号中华人民共和国国务院令发布并施行。

③ 《宗教活动场所设立审批和登记办法》已于 2005 年 4 月 14 日经国家宗教事务局局务会议通过，自发布之日起施行。

④ 《宗教活动场所主要教职任职备案办法》已于 2006 年 12 月 25 日经国家宗教事务局局务会议通过，自 2007 年 3 月 1 日起施行。

⑤ 《宗教教职人员备案办法》已于 2006 年 12 月 25 日经国家宗教事务局局务会议通过，自 2007 年 3 月 1 日起施行。

⑥ 《宗教院校设立办法》已于 2006 年 12 月 25 日经国家宗教事务局局务会议通过，自 2007 年 9 月 1 日起施行。

⑦ 1998 年 11 月 19 日由国家宗教事务局、国家外国专家局、公安部颁发。

⑧ 1997 年 4 月 30 日国家工商总局发布并于当日起正式施行。

江省宗教事务条例》《深圳经济特区宗教事务条例》《辽宁省宗教事务管理条例》等。

根据上述不同形式和层次的法律规定，我国的各类宗教组织的法律地位是由法律、法规和规章加以明确的，因此，对于宗教组织来说，只有依法产生和依法行使权利，才能受到国家的保护。具体来说，宗教组织的法律地位包含了以下几个方面的内容：第一，宗教组织必须依法登记。宗教社团和宗教活动场所作为公民以集体方式行使宗教信仰自由的宗教组织，必须依法登记才能合法地开展活动。第二，宗教组织的活动必须合法。根据《宗教事务条例》及有关法规、规章的规定，宗教社团、宗教活动场所开展活动必须要符合法律规定。第三，宗教组织的教职人员必须遵守特殊的管理规则。第四，宗教组织不受外国宗教组织的干涉。第五，宗教组织在法律规定的范围可以开展宗教教育。第六，宗教组织的财产应依法予以保护。第七，公民享有宗教信仰自由。公民依据宪法和法律、法规享有宗教信仰自由，是我国各类宗教组织存在的合法性基础。[1]

---

[1] 莫纪宏：《论我国宗教组织的法律地位》，《金陵法律评论》2009年春季卷。

　　依法管理宗教事务本质上是对政府管理行为提出的一种要求，即政府管理宗教事务必须有法律根据，受法律的约束。当政府的行为不符合实体法规定或程序要求时，被管理者有权拒绝政府的要求，并通过法律手段寻求权利的救济，检举、揭发、监督宗教管理部门及其工作人员的问题。实现这一目标的重要前提就是进一步增强被管理者，也即宗教教职人员、宗教信徒以及非宗教信仰者的法治观念。实践中，国家和整个社会都应当提高社会公众对宗教现象的认识，尊重宗教教职人员和宗教信徒的价值选择，对其宗教信仰采取宽容开放的态度，将信教活动纳入社会化管理体系，同时依法加强对他们信仰宗教活动的正面引导和有效管理，消除一些盲目现象，促进宗教活动更加理性化、规范化，消解少数人偏狭的宗教冲动，提倡宗教组织自治和社会团体共治。[1] 古人云："徒善不足以为政，徒法不能以自行。"法律法规的制定实施只有和社会大众的认识水平、守法意识相一致，才能实现法治的最佳效果。

　　冯玉军教授在 2015 年发布的"中国宗教事务管理调查

---

　　[1]　余孝恒：《关于宗教法制建设的几个问题》，《宗教学研究》1998年第 3 期。

报告"① 中，通过对全国五大宗教教职人员、信教群众的较大规模问卷调查和实地座谈，再结合文献分析和法律社会学研究方法对我国宗教事务法治化现状进行了一定的分析。

1. 公众对保护宗教信仰法规的知晓程度

考察依法管理宗教事务的实践情况，必须首先了解公众对该法规知晓和熟悉的程度。如果他们连法规名称和内容都未曾听说，那么讨论该法律的指引、预测、评价和教育功能则无异于空谈。在面向信教群众的调查问卷中设计了如下问题："您是否知道《宗教事务条例》？选项依次是：A. 知道，非常熟悉；B. 知道，但不熟悉；C. 完全不知道。"调查结果显示，超过半数（60.8%）的信教群众知道该法规但并不熟悉，27.6%的人不仅知道而且非常熟悉，但也有11.6%的被调查信教群众完全不知道《条例》的存在，这说明《条例》的普法宣传工作仍然任重而道远（见图2）。②

---

① 《中国人民大学发布〈中国宗教调查报告（2015）〉》，中国宗教学术网，2015 年 7 月 7 日，参见 http://www.mzb.com.cn/html/report/1512365558 - 1. htm，2016 年 11 月 20 日最新访问。

② 冯玉军：《行动中的〈宗教事务条例〉——中国宗教事务管理调查及其法律评价》，《西北民族大学学报》（哲学社会科学版）2015 年第 2 期。

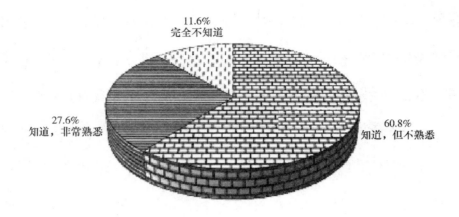

图2   信教群众对《条例》的了解情况

2. 宗教界人士对宗教信仰权利与义务的知晓程度

权利与义务是法律关系的主要内容。《宗教事务条例》是我国宗教方面的综合性行政法规，其调整对象主要是作为行政相对人与行政主体的宗教界人士和相关政府管理部门。因此，从被调查者对于《条例》对两者权利义务配置情况的评价中，可以窥见其对这部法规内容的总体性认识和评价。在针对教职人员的调查问卷中，我们设计了如下题目："您如何看待《条例》对宗教教职人员/政府宗教事务管理部门的规定？A. 权利规定较多，义务较少；B. 义务规定较多，权利较少；C. 权利、义务规定适宜；D. 不清楚。"

在全部已回收问卷的214名教职人员中，有44人不清楚《条例》对教职人员的权利义务配置情况，45 人不清楚该法对政府宗教事务管理部门的权利义务配置情况，均占被调查者的 21% 左右（见图 3）。参与调查的宗教界人士对权利义务配置的知悉情况为：认为《条例》规定教职人员权利多、义务少的共 11 人，占总人数的 5%；认为规定管理部门权利多、义务少的被调查者却高达 56 人，占总人数的 26%。另外，认为《条例》对权利义务规定适宜的分别为 79 人和 77 人，占全体被调查者的三分之一左右（见图 3）。①

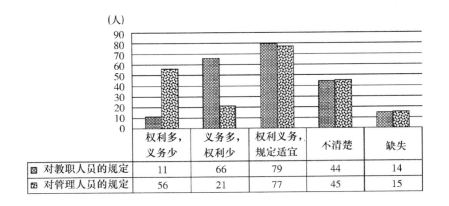

	权利多，义务少	义务多，权利少	权利义务，规定适宜	不清楚	缺失
对教职人员的规定	11	66	79	44	14
对管理人员的规定	56	21	77	45	15

图 3　教职人员对《条例》权利义务配置情况的评价

---

① 冯玉军：《行动中的〈宗教事务条例〉——中国宗教事务管理调查及其法律评价》，《西北民族大学学报》（哲学社会科学版）2015 年第 2 期。

上述数据说明，作为我国宗教法规主要的调整对象，存在宗教界人士并不充分了解和掌握该法规具体内容的情况。即便是教职人员对该法规有所耳闻、对个别条文有所了解，但对隐藏在条文之下的法律权利和法律义务的实质内容仍然不甚清楚。这也说明普及宗教法规不能仅仅限于具体操作性规范层面，还要深入到法律精神和价值内核的领域中。

3. 宗教人士对宗教教派受法律保护程度的认知情况

关于宗教教派受法律保护程度的问题，从图 4 的反馈情况看，有 56% 受调查的教职人员认为目前我国宗教法规很全面或比较全面地保护了宗教事务的开展，有47% 受调查的普通信教群众认为宗教法规很全面或比较全面地保护了宗教事务的开展。因为普通信教群众很难分辨教派活动受法律保护的实际情况，故有 41% 的人认为教派受法律保护的程度一般。

简而言之，仅有一半的宗教人士对法规保护宗教界合法权益作用方面，给出了积极、肯定的答复，这一结果相比于立法者希望达到的社会效果来说，显然是不能令人满意的。此外，分别有 7% 的教职人员和 6% 的信教群众认为我国法规保护宗教比较差或者很差。数字虽然不高，但其背后反映出的矛盾也的确是我们要高度关注并加以解决的。

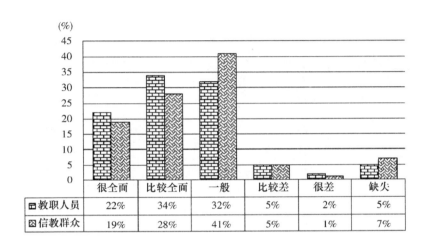

(%)

	很全面	比较全面	一般	比较差	很差	缺失
教职人员	22%	34%	32%	5%	2%	5%
信教群众	19%	28%	41%	5%	1%	7%

图4　教派受法律保护的程度分地区统计

4. 关于法律保护宗教信仰认知的地区差异情况

从分地区的调查数据来看：东部信众表示宗教受法律保护很全面和比较全面的占51%，中部该数字为64%，西部为29%；同时，西部地区认为受保护比较差和很差的比例为6%，高于东部和中部地区（见图5）。两项综合后，说明西部地区信众对所属宗教受法律保护程度的评价在三大区域中是最低的，而中部地区信众对所属宗教受法律保护程度的评价在三大区域中则是最高的。①

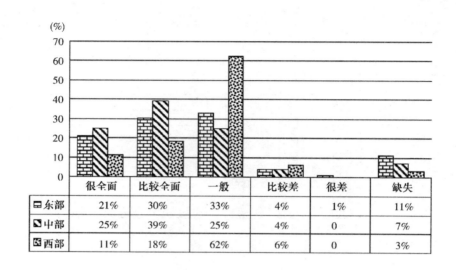

(%)	很全面	比较全面	一般	比较差	很差	缺失
东部	21%	30%	33%	4%	1%	11%
中部	25%	39%	25%	4%	0	7%
西部	11%	18%	62%	6%	0	3%

图 5　关于教派受法律保护程度的认知情况

5. 加强法治宣传，培养法治观念——深入开展"法律进宗教场所"活动

依法管理宗教事务，实现宗教事务法治化，离不开广大人民群众的理解和支持。从图 2 中我们已经得知，即使调查对象针对信教群众，尚有11.6%的被调查者完全不知道主要宗教法规的存在，也未听说过该法的相关

---

① 冯玉军：《行动中的〈宗教事务条例〉——中国宗教事务管理调查及其法律评价》，《西北民族大学学报》（哲学社会科学版）2015 年第 2 期。

内容，更不用说广大非信教群众对该法的了解了。因此深入开展"法律进宗教场所"活动，提高公民参加合法宗教活动意识，对于依法管理宗教事务，促进宗教法律实施有重要意义。

（1）丰富法治宣传载体

利用多种渠道、方式进行普法宣传。例如，举办宗教法规专门讲座，邀请专家对宗教界人士和信众代表进行专门的宗教法律法规讲解，对法规保护宗教信仰自由、规范宗教团体活动等内容进行诠释，使宗教界人士知法、懂法、守法意识不断提高。印刷发放宗教法规政策宣传材料，让更多的信众增强法律意识。利用新媒体，借力"互联网＋"普法，不断扩大普法对象的覆盖面。

（2）打造典型示范点

着力打造引领示范，扎实推进法律宣传进寺庙活动，引导宗教界人士知法、懂法、守法。把一些具有广泛影响力的宗教场所作为示范点，打造"法治进寺庙宣传标杆"，在宗教场所显著位置摆放各种法律法规宣传展板和宣传栏，精心编制展板，宣传辅以卡通画等群众喜闻乐见的图文讲解，做到法律宣传随处可见。而且让宗教界人士、信众和游客易学、易懂。购买"七五"普法读本、常用法律法规汇编、法制报等法律宣传图书报刊，并在每个殿堂免费发放。分批次组织各宗教场所负责人、教职人员、信众代表到示范点宗教场所进行观摩学习，通过典型示范，有力推进宗教场所"法治宣传进寺庙"活动。

（3）发挥宗教教职人员和信教群众骨干的桥梁纽带作用

我国1亿多信教群众，主要信仰佛教、道教、基督教、伊斯兰教、天主教等，尽管在13亿人口中所占比例不大，但绝对人数不少，他们分布在社会的各个层面，生活在亿万个家庭中，有些少数民族其成员都信仰某种宗教，可见宗教对社会生活的影响之大，所以，信教群众是我们构建法治的社会主义和谐社会必须高度关注的一个群体。如何发挥他们在法治的社会主义和谐社会建设中的能动性，显然是一个值得有关方面思考的问题。

仅就宗教教职人员而言，他们在传经布道的过程中所宣讲的内容，是紧密贴近信教群众的工作生活实际的，通过其宣讲，使信教群众在理解经义的同时，化解其心里对现实生活的困惑，使一个个矛盾的心灵获得暂时或长久的抚慰。而在圣经、古兰经、道德经、佛教经典中有不少规则与现行法律的规定之间存在相通之处。从这个角度上讲，如果宗教教职人员能够关注到这些，并且在讲经布道的过程中，联系国家法律规定进行诠释，就可以引导信教群众把遵守国家的法律，从一种外在的行为规制转化为内心的自觉行为，这在事实上就是在促进宗教与社会主义和谐社会的法治建设相适应。

要让宗教教职人员和信教群众骨干发挥上述作用，党和国家有关方面就必须高度重视对宗教教职人员和宗教信徒骨干的培养，重视发挥 30 多万宗教教职人员和众多信教群众骨干的作用，加强对宗教教职人员、信众骨干的引导，在为他们进行宗教活动提供法律保障的同时，不断提高他们的法律素养。而作为宗教教职人员和信教群众骨干，只要具备了一定的法律素养，就可以带领广大信教群众从被动的接受党和国家公共权力部门的依法保护，转变为主动提出进一步完善保护宗教的立法建议，监督有关党政部门保护其自身、宗教团体权利法律的落实，从一个侧面促进宗教事务法治化。

（二）涉外法治宣传是普法对象"全覆盖"的应有之义

涉外法治宣传教育应当是法治宣传教育的题中之

义。开展涉外法治宣传教育，首先应明确何谓"涉外法治"。从字面意思理解，涉外法治应包含涉外立法、涉外执法、涉外司法及涉外守法等几个环节。党的十八届四中全会通过的《全面推进依法治国决定》用专门段落对"加强涉外法律工作"提出了总体要求。该决定指出，为适应对外开放不断深化的新格局，应"完善涉外法律法规体系，促进构建开放型经济新体制。积极参与国际规则制定，推动依法处理涉外经济、社会事务，增强我国在国际法律事务中的话语权和影响力，运用法律手段维护我国主权、安全、发展利益。强化涉外法律服务，维护我国公民、法人在海外及外国公民、法人在我国的正当权益，依法维护海外侨胞权益。深化司法领域国际合作，完善我国司法协助体制，扩大国际司法协助覆盖面。加强反腐败国际合作，加大海外追赃追逃、遣返引渡力度。积极参与执法安全国际合作，共同打击暴力恐怖势力、民族分裂势力、宗教极端势力和贩毒走私、跨国有组织犯罪"。《决定》的上述内容从立法、执法、司法等多个方面对新时期涉外法治工作的任务提出了全面要求。

然而，与一般的法治宣传教育相比，当前涉外法治宣传教育中存在的几个先决性问题有待解决，值得引起注意。

1. 涉外法治宣传教育的重要性须引起足够重视

截至 2015 年，每五年为一周期的法制宣传教育已经连续进行了六期。在前六个五年普法规划中，在法制宣传教育的内容部分均没有专门或明确提及进行涉外法制或涉外法治宣传教育。当然，其中也有一些零星列举。例如，"第三个五年普法规划"要求着重抓好社会主义市场经济法律知识的普及，围绕促进对外开放等环节，有针对性地普及有关法律、法规知识。① 在"第四个五年普法规划"中较为具体地提及"企业经营管理人员要重点学习和掌握……国际经贸法律知识……提高依法经营管理的水平和能力"②。在"第五个五年普法规划"中规定"加强对外法制宣传"③。值得指出的是，此处的"对外法制宣传"并不等同于"涉外法制宣传"，前者应

---

① 参见 1996 年 5 月 16 日《中央宣传部、司法部关于在公民中开展法制宣传教育的第三个五年规划》，二（二）3 段。

② 参见《中央宣传部、司法部关于在公民中开展法制宣传教育的第四个五年规划》，三（一）段。

③ 参见《中央宣传部、司法部关于在公民中开展法制宣传教育的第五个五年规划》，二（七）段。

是仅就法制宣传的对象而言的。

尽管 2014 年党的十八届四中全会《全面推进依法治国决定》中对加强涉外法律工作做出了全面部署，但 2016 年出台的《全国人大常委会关于开展第七个五年法治宣传教育的决议》以及《中央宣传部、司法部关于在公民中开展法治宣传教育的第七个五年规划（2016—2020 年）》两份文件均没有提及涉外法治宣传教育的内容。需要指出的是，"第七个五年普法规划" 确有提及 "加强对外法治宣传工作"，但它是将其作为 "推进法治宣传教育工作创新" 的一项工作措施，而不是将其作为法治宣传教育的内容或任务来规定的。

改革开放政策实施近四十年后，对外开放的格局已经悄然发生了深刻变化。过去，我国实行对外开放，是打开国门，国人走出去，国外的企业引进来。中国是地地道道的移民输出国、投资输入国。现如今，对外开放已经呈现出明显的双向平衡流动态势。就人员往来而言，根据公安部出入境管理局的统计数据，仅 2016 年第二季度（2016 年 4 月 1 日至 6 月 30 日），包括台、港、澳在内的中国公民出入境就达 1.2 亿人次，而其中内地居民出入境达 6520 万人次之多，同期入境中国的外籍人员也高达 730 余万人次。①

就双边投资而言，根据商务部、国家统计局、国家外汇管理局联合发布的《2014 年度中国对外直接投资统计公报》，2014 年中国对外直接投资与中国吸引外资仅差 53.8 亿美元，双向投资首次接近平衡；对外投资存量已步入全球前十行列；设立对外直投资企业近 3 万家，分布在全球 186 个国家和地区；地方企业投资占比首次过半，首次超过中央企业和单位对外直接投资规模。②"一带一路"战略的逐步全面启动，将助推更多的个人、企业走出国门，去接受和适应外国与国际规则。

对外开放格局的悄然变化给我国的法治建设提出了许多新的挑战和更高的要求。例如，随着外籍人士出入境数量的逐年递增，外国人在中国境内发生违法犯罪行为的数量也呈显著上升趋势。据公安部 2012 年的一份报告显示，仅 2011 年，全国公安机关出入境管理部门查处

---

① 《出入境边防检查综合统计数据（2016 年第二季度）》，公安部出入境管理局网站，参见 http：//www.mps.gov.cn/n2254996/n2255000/n2255031/c5428297/content.html，最近访问日期为 2016 年 11 月 20 日。

② 《2014 年度中国对外直接投资统计公报》，商务部网站，参见 ht-tp：//fec.mofcom.gov.cn/article/tjsj/tjgb/201512/20151201223579.shtml，最近访问日期为 2016 年 11 月 20 日。

的非法入境、非法居留、非法就业的外国人就达 2 万余人次。① 而根据学者的研究，在北京、上海、广州等外国人较为集中的城市，外国人犯罪数量也呈现出不断上升的趋势。② 这些趋势和现状，对我国既有的涉外法律体系是一个考验，对习惯于处理国内法律关系的执法和司法主体提出了不小的挑战。

伴随国人踏出国门的数量激增，一方面中国公民在海外人身财产权益的保护需求增加，另一方面中国公民在他国实施违法犯罪行为的事件也时有爆出。2015 年在美国洛杉矶发生的中国留学生校园霸凌案至今余音未绝。涉事的三名主犯被美国检方指控犯有酷刑折磨罪、绑架罪等六种刑事重罪，并最终被判处 6 年至 13 年不等的有期徒刑。事件爆出后，既有来自当事人的震惊，也有来自中国社会的震惊。这种震惊折射出的正是全民法治意识的淡薄，映照出中国相关立法的薄弱、执法的不力，

---

① 《国务院关于外国人入出境及居留、就业管理工作情况的报告》，中国人大网，2012 年 4 月 25 日，参见 http：//m. npc. gov. cn/huiyi/ztbg/wgrrcjglgzbg/2012 - 08/21/content_ 1872386. htm，最近访问日期为 2016 升 11 月 20 日。

② 李怀胜：《在华外国人犯罪的实证分析与刑事政策应对》，《犯罪研究》2014 年第 2 期。

以及对外国法律法规的无知。

中国企业走出去，在拓展海外市场的过程中，在收获巨额利润的同时也面临巨大的法律政策风险。2013年，据英国《金融时报》的报道，由于发生违约行为，加蓬政府将收回中石化旗下子公司在加蓬某陆上油田的开采权。① 另据后续报道，中石化该子公司决定支付 4 亿美元，以了结与加蓬政府之间的法律纠纷。② 2012 年，中海油在挪威的子公司被当地税务主管部门通知，要求其缴纳约合人民币 8.7 亿元的额外税款及罚款，相关税赋由 2006 年和 2007 年的经营活动产生，而中海油收购该子公司的时间是 2008 年。③ 类似的事件和报道时有发生。这无不暴露出参与海外投资的中国企业，其风险防范能力和利用当地法律的能力亟须加强。

上述事例表明，在对外开放的新格局之下，在华外国主体的权益保护问题、海外中国主体的权益保护问题

---

① 詹铃：《中石化非洲再遇危机　加蓬又一油田恐遭收回》，《21 世界经济报道》2013 年 6 月 7 日。
② 李春莲：《中石化海外开发再交学费　或支付 4 亿美元了结石油争端》，《证券日报》2014 年 1 月 28 日。
③ 詹铃：《中石化非洲再遇危机　加蓬又一油田恐遭收回》，《21 世界经济报道》2013 年 6 月 7 日。

都对涉外法律体系的科学性、涉外执法水平、涉外司法能力、涉外守法状况提出了新要求；同时也彰显出涉外法治宣传教育的重要性和紧迫性。因此，为配合国家不断深化对外开放的新格局、新战略，必须对涉外法治宣传教育的重要性有更加全面充分的认识。

2. 对涉外法治宣传教育内容的认知应更加全面

涉外法治与一般法治的区别主要体现在"涉外"二字，即法律关系的主体、客体、内容或法律事实等存在涉外因素。根据最高人民法院对涉外民事关系的解释，当事人一方或双方是外国公民、外国法人或其他组织、无国籍人；当事人一方或双方的经常居所地在中国领域外；标的物在中国领域外；产生、变更或消灭民事关系的法律上事实发生在中国领域外的民事关系，可以认定为涉外民事法律关系。[①] 这一解释对于理解其他类型的涉外法律关系具有一定的示范意义。调整具有涉外因素的法律关系的法律法规即为涉外法律。对涉外法律的学习和普及应当成为涉外法治宣传

---

　① 参见法释〔2012〕24 号，2012 年 12 月 20 日最高人民法院审判委员会第 1563 次会议通过《最高人民法院关于适用〈中华人民共和国涉外民事关系法律适用法〉若干问题的解释（一）》，第一条。

教育的核心内容。

在新的历史时期，对与涉外法治宣传教育相对应的涉外法律应做广义的理解。人们惯常理解的，由我国的立法机关制定的调整涉外法律关系的规范性法律文件应仅为涉外法律中第一层次的内容。就我国制定的涉外法律而言，既包括调整涉外法律关系的专门法律，也包括非专门法律中的涉外条款。专门的涉外法律，比较典型的例如《缔结条约程序法》《外国中央银行财产司法强制措施豁免法》《涉外民事关系法律适用法》《出入境管理法》《境外非政府组织境内活动管理法》《对外贸易法》《进出口商品检验法》《引渡法》等。除此之外，我国的法律体系中还有大量的立法，其主要调整国内法律关系，但同时也包含有调整涉外法律关系的条款。根据检索，我国现行有效的法律中包含有涉外条款的法律约有 130 部，领域覆盖宪法及宪法相关法、民商法、经济法、行政法、刑法、社会法以及程序性法律。①

涉外法治宣传教育的第二个层次的内容主要是外国

---

① 此项数据是通过对中国人大网（www.npc.gov.cn）"中国法律法规信息库"中的"法律"，以"国际""外国""国外""涉外"等为检索词，对其"正文"进行检索得出的结果，统计截至 2016 年 7 月 31 日。

法，即由外国立法机关制定的法律。中国的公民、企业在外国的日常工作、生活和经营活动，除因属人原则依然受中国法的管辖之外，还应当遵守外国当地的法律法规，受外国当局的属地管辖。因此，中国公民、企业在走出国门之前，首先应当对其目的地国的法律法规有初步了解；而普法责任主体也有义务提供获取相关信息的途径和渠道。

涉外法治宣传教育第三个层次的内容是国际法，特别是中国作为缔约国加入的国际条约。一国批准或加入的国际条约是该国法律体系的组成部分，这在大多数国家是没有疑问的，但在我国却有所不同。我国宪法并未像多数国家一样，对国际法的法律地位做出明确规定；且已经于 2011 年宣布形成的中国特色社会主义法律体系也未包含国际法。[①] 这就使国际法的法律地位处于模糊不清的状态，无形中弱化了对国际法的宣传教育。而国际法对于维护一国国家主权、领土完整等根本利益，对于维护一国公民、法人的合法权益的重要意义，在近些年尤为凸显。风波未平的南海争端就国际法对于一国的极

---

① 参见国务院新闻办公室《中国特色社会主义法律体系》白皮书，2011 年 10 月 27 日。

端重要性给国人上了生动的一课。如今的国际法已不单单是调整国与国之间关系的法律，它已经与人们的日常生活休戚相关。国际人权条约直接关系个人的权利保障，多双边的投资、贸易协定直接关涉企业的经营发展；同时，个人或企业的违法行为，例如企业的歧视行为、违法排污、侵害环境行为，也可能给国家带来违反国际法的法律责任。因此，对国际法的宣传普及应当成为涉外法治宣创教育一项不可或缺的内容。

当前的第七个五年普法规划中未包含宣传外国法、国际法的内容，容易使普法者对涉外法治宣传教育的内容产生片面的理解。

可喜的是，2016年6月28日由教育部、司法部、全国普法办联合发布的《青少年法治教育大纲》在涉外法治的宣传教育方面有较大的突破。该《大纲》在"青少年法治教育的内容"部分规定，青少年法治教育的总体内容包括我国签署加入的重要国际公约的核心内容。在分学段的教育内容与要求方面，《大纲》规定小学3—6年级学生应当对"国家主权与领域、国防的意义"有初步的认知；"知道我国加入的一些重要国际组织和国际公约"。在初中阶段，应"认知国家尊重和保障人权的意义"。在高中阶段，应"了解保障人权的重要性及其含义，理解法治与权利保障的关系"，"了解国际法的基本原则，我国签署加入的儿童权利公约、残疾人权利公约等主要国际公约的基本内容"①。可以说，《青少年法治教育大纲》是首份明确将国际法纳入法治教育内容的规范性文件，是对以往普法规范性文件的一个突破。

3. 涉外法律体系有待完善

涉外法治建设首先应有较为完备的涉外法律体系，开展涉外法治宣传教育的前提也是完善涉外法律体系。

我国涉外法律体系建设伴随对外开放的进程不断发展。改革开放之初，为了适应"吸引外资""请进来"政策，我国制定了《中外合资经营企业法》《中国合作经营企业法》《外商独资经营企业法》。加入世界贸易组织前后，我国开展了新中国成立以来最大规模的法律法规和政策措施立、改、废工作，基本建立起符合我国国情和世贸组织规则的涉外法律体系，支撑了全方位对外开放新格局。近年来，针对中外人员往来激增及随之带来的管理和纠纷处理需求，我国先后制定了《涉外民事

---

① 教政法〔2016〕13 号《教育部、司法部、全国普法办关于印发〈青少年法治教育大纲〉的通知》，2016 年 6 月 28 日。

关系法律适用法》《出入境管理法》等法律。党的十八届四中全会提出加强涉外法律工作之后，立法机关相继出台了《反恐怖主义法》《国家安全法》《境外非政府组织境内活动管理法》，并修订了多部法律。即便如此，目前的涉外法律体系仍存不少无法可依或规则层级较低等薄弱环节。例如，近些年我国政府实施的境外撤离行动，处理的公民被绑架、袭击事件多是通过外交交涉解决，手段单一。在领事保护方面至今无法可依。在对外投资、对外援助、口岸、开发区等领域同样面临无法可依的局面。"对外贸易、国籍、在华外国人管理等领域的法律法规比较原则笼统，内外资法律法规不尽统一，一些政策性法规缺乏透明度，都制约着对外开放进一步深化。"[①]

在国际法领域，除积极参与国际规则制定外，当务之急是对我国已经参加的多边、双边国际条约进行清理。新中国成立以来，我国已经加入各类多边条约 400 余项，缔结各类双边条约 20000 余项。数目如此庞大的国际法体系，因缔结的时代背景、缔约程序等种种原因，致使条约主管部门也难以统计其准确数目，并且大多数条约

---

① 汪洋：《加强涉外法律工作》，《人民日报》2014 年 11 月 6 日。

的约文处于无据可查的状态。在这种情况下，亟须启动国际条约的清理、汇编工作，明确涉外法律工作的依据。

4. 涉外法治宣传教育的实践尚待全面展开

为配合对外开放的新局面，涉外法治宣传教育有所展开。例如，为配合"一带一路"国家战略，支持企业开拓海外市场及参与国际竞争，有关部委和科研院所已经开始进行相关法律的宣传、研究与服务工作。政府部门中，商务部官方网站为中国企业走出去、进行对外投资和从事对外贸易，以及外商对华投资提供了丰富的政策法规信息，包括国别信息。此外，国家知识产权局于2010 年、2012 年、2014 年、2016 年，连续举办四届国外知识产权环境报告发布会，发布了"一带一路"沿线47 个国家的知识产权环境概览，以及"一带一路"相关国家和地区知识产权服务机构。与之相比，其他政府部门鲜有与"一带一路"战略相配套的法规政策普及宣传机制。就科研机构或高校而言，它们通过召开论坛、研讨会，从事专项课题研究等形式研究"一带一路"战略的相关法律问题。这类研讨活动虽然数量较多，但其研究成果难以形成体系，且难以形成普及性的影响。

就日常普法而言，多地公安局的出入境管理部门也不定期地开展针对当地留学生、外国人的法治宣传教育活动。

总之，当前涉外法治宣传教育的开展是零散的、不具规模也不成体系的，与全国人大常委会《关于开展第七个五年法治宣传教育的决议》中所要求的"把法治宣传教育纳入当地经济社会发展规划，进一步健全完善党委领导、人大监督、政府实施、部门各负其责、全社会共同参与的法治宣传教育工作体制机制"还有显著差距。

涉外法治宣传教育应主要沿两个方向开展：向即将和已经走出国门的中国公民、中国企业宣讲外国法律；向即将走入或已经走入中国国门的外国个人、企业宣讲中国法律。对此，相关的责任主体，特别是执法主体应当承担起"谁执法谁普法"的责任，建立起定期、长效的普法机制，利用新媒体及时提供有处可查、有据可查、随时随地都可获取的法律信息服务平台。

随着中国综合国力和法治化水平的不断提升，中国越来越成为受人青睐的投资对象国、移民输入国，外国了解中国法律和法治情况的需求日益迫切。在这种新的对外开放形势下，涉外法治宣传教育应主动出击，依托科研院所建立海外中国法中心，主动向外国人宣讲传播中国法律。从务实的角度讲，这有助于满足双边经贸合作、人员往来的实际需要。从长远看，这也是对国际舆论质疑中国法治环境与法治化水平的积极回应，通过积极主动的宣讲，逐步扭转对中国不利的舆论环境和偏见。

（三）法治文化建设有利于普法工作在基层扎根

1. 法治文化的形成是社会主义法治建设的必然现象

自改革开放以来，我国法治建设经历了从无到有、从简到繁的一个过程，如果说在过去的三十余年，我国立足于确立有法可依、有法必依的制度与规范建设的话，那么从党的十八届四中全会通过的《全面推进依法治国决定》来看，法治未来建设将向精神层面的法治文化展开。① 法治文化是以"法治"为治国理政基本方式所形成的一种社会文化形态，从法治角度看，法治文化是以"文化"为表现形式和主要内容的一种法律统治形态，是一个法治国度的法律制度、法律组织、法律设施所具

---

① 在《全面推进依法治国决定》中有如下提法："必须弘扬社会主义法治精神，建设社会主义法治文化，增强全社会厉行法治的积极性和主动性，形成守法光荣、违法可耻的社会氛围，使全体人民都成为社会主义法治的忠实崇尚者、自觉遵守者、坚定捍卫者。"

有的文化内涵，是人们在日常生活、工作中涉及法治的行为方式，是法律语言、法治文学艺术作品和法律文书中所反映和体现的法治内涵及其精神。① 其有文化的称谓，但更多的是一种精神文明的养成，是对法治发展的一种自信，更是对法治委以重任的前提。

法治文化的发展有其必然性，首先，法治国家建设的最基本要求在于依法治国，将法律作为解决社会纠纷的唯一手段，排除专制对国家的迫害、排除人治对正义的干涉，以法制作为解决纠纷、实现正义的唯一依据，以程序作为救济权利、分配义务的必要监管。当然，上述目标的实现也只是符合了法治的形式要件，也只是实现了"有法可依"，但如期建设社会主义法治国家，将法治作为一种文化、一种精神信仰，让法治主动渗透到社会生活之中，还需要完成从"形式法治"向"实质法治"的质变。这也是社会主义法治国家建设的内在需求，如果法治停留在纸面上，仅仅被动地适用且无法与基层群众实现双向的互动，那么，再完备的制度也将成为一潭死水、再健全的程序也将逐渐脱离时代。"实质法治"

① 刘斌：《用法治文化推进依法治国》，《光明日报》2014 年 11 月 6 日。

要求法治与人民群众的双向互动，人民群众尊重法治、崇尚法治，依法来实现、救济权利，以实践来反馈、完善法治，这是人民群众在精神层面与法治的双向互动，更是法治文化的表现形式。历史与现实也印证了上述的互动过程，任何国家、任何时候，当各国法治建设开展到一定程度、当法治成为人民群众解决利益纠纷的主要手段的时候，对法治的精神层面的信仰必然会自发形成。我们可以认为，法治文化的发展依托于法治本身的健全，需要建立在一定的精神文明与制度积累之上。反之，从另外一个角度来看，法治文化是否建立，也是检验法治发展程度的一个重要标准。

2. 法治文化建设是巩固法治发展成果的必要路径

法治文化的发轫有赖于法治本身的发展，但法治文化的建设也有其独立的必要性。从社会效益的角度来看，单纯依靠法律规范的强制作用、依托规范的法律程序来解决社会纠纷、维护法治权威，在社会高度发展、利益高度多元化的今天，着实有些力不从心与捉襟见肘，而发挥法治文化的作用，将法治规范、法治权威内化于心，防患于事前，必将大大提高法治的效率、减轻司法压力。

同时，考虑到法律适用的纠纷领域，目前社会上还存在着诸多与法治国家建设不相符合的问题与死角, 这些问题与死角法律无法也无须事无巨细地干预与规范, 一味地希望法治能够渗入社会的方方面面或者一味地苛求规范能够约束生活的大事小情并不科学, 也并不高效。从长远的角度来看, 也不利于确保司法正义始终如一。如若一个与法治国家建设相适应的法文化环境可以形成, 人民可以以法治为信仰, 法治可以作为文化在社会中得到广泛确立, 那么群众的主观能动性便可得到最大限度的提升, 纠纷解决机制也可以在法治的前提下朝着多样化的方向发展。

可以说, 法治的发展为法治文化提供了必要的养分与土壤, 给予了法治文化形成的基础与环境, 使得法治文化不至于成为 "无源之水、无本之木"; 同样的, 法治若预期往更高的层面发展, 又需要追求使法治文化成为一种常态, 通过法治文化的建设来形成与人民群众的双向、二元互动, 以广大人民群众的基础利益为导向, 从社会实践中获得反馈, 对法治进行再发展与再完善。

3. 法治文化建设的主要对象: 基层群众

法治文化, 基于法治与文化的不同角度, 可以做出广义和狭义的不同界定。广义地讲，法治文化是一个国家中由法治价值、法治精神、法治理念、法治思想、法治理论、法治意识等精神文明成果，法律制度、法律规范、法治措施等制度文明成果，以及自觉执法、守法、用法等行为方式共同构成的一种文化现象和法治状态；狭义地讲，法治文化是关于法治精神文明成果和法治行为方式相统一的文化现象和法治状态。①

综上所述，法治文化既包含规范层面的内容，即要求法制的健全；亦包含实践层面的内容，即要求以法制规范法律纠纷与冲突。可以说，单纯实现了"有法可依、有法必依、执法必严、违法必究"并不能代表法治文化的实现，因为法治，若从"依法之治"的角度来看的话，缺少了与守法主体的互动，只是单纯的执法主体的法治。而法治文化其实质是将法治作为一种信仰，是一种精神文明成果，是一种"重叠共识"②。而信仰的主体便是广大的人民群众，脱离了群众参与的法治只是形式法治、只是单纯的执法手段，只有结合了广

---

① 李林：《中国语境下的文化与法治文化概念》，《新视野》2002 年第 3 期。

② 龚延泰：《法治文化的认同：概念、意义、机理与路径》，《法制与社会发展》2014 年第 4 期。

大人民群众的参与与反馈，法治才能朝着精神文明的角度发展。

4. 基层普法：法治文化建设的现实路径

自改革开放以来，随着法律法规的相继颁布，我们初步实现了法制的健全，确保了法治在规范层面能够建立，同时，在执法层面，规范性、约束性程序的完善也使得司法的公正得到保障、法律的权威得以维护。如上所述，法治文化需要公权力主体与人民群众的双向参与、二元互动。在规范与程序都完备的情况下，推动群众运用法律来解决纠纷、维护自身权益的最有效方法便是普法。可以说，广大人民群众是法治的主要推动者，也是法治的主要获益者，只有当有效地参与到法治实践之中、明确地知晓自身权利与义务，对于法治的信仰才具备了形成的基础条件，法治文化也才具备了形成的基本前提。而普法，尤其是面向基层群众的普法，作为推动群众知晓法律的重要渠道与举措，可以促进群众从被动地接受法律向主动地适用法律转变，可以促进群众对法律的认识由司法手段向维权武器转变。可以说，法治文化建设的路径有多种渠道，但是，基层普法面向广大群众、立足法治文化发展的根本源头，能够保证人民赋予的权利始终用来为人民谋求利益，① 从这个角度来看，其具有不可忽视的关键作用。

法治文化建设最终的落脚点还是在于服务社会主义法治国家建设，而推进基层普法，立足于基层的法治文化也是社会主义法治所不可或缺的。社会主义法治的根本要求是确立法律权威，基本特征为彻底的人民性，同时，基本内容又包括执法为民、服务大局。可以说，没有基层普法的展开，法律便无法为最广大的群众所认同、使用，只能被束之高阁，更谈不上法律权威的树立；另外，脱离基层环境、脱离基层群众，社会主义法治的人民性也必然无从谈起，为人民服务也只能成为空谈；最后，社会主义法治立足于服务大局，这是其基本内容，也是其基本纲领，而把握大局、围绕大局要求各级政法机关和政法干警致力于推进全面建设小康社会的进程，努力创造和谐稳定的社会环境和公正高效的法治环境。从上述目标可以看出，服务大局以社会为大局，以富足、和谐、法治的社会为目标，而建设大局的最终受益者亦是生活在大局之中的人民群众。故而，基层普法是社会

---

① 周叶中：《论中国特色社会主义法治文化》，《武汉大学学报》（哲学社会科学版）2008 年第 4 期。

主义法治建设、社会主义法治国家建设的应有之义，而立足于基层、来源于基层的法治文化，也在根本上体现了社会主义法治的核心价值与内涵。

基层普法之关键在于"基层"，对"基层"，我们需要从两方面加以解读。首先，"基层"是指普法的对象为最广大的人民群众，毕竟其代表了最为基本、最为广泛的社会需求，只有推动基层群众参与到法治之中，只有鼓励基层群众懂法、用法，法治才能在最为广阔的范围内形成信仰，才能形成良性的双向互动模式。进而，法治文化才具备了产生与发展的前提。其次，"基层"也指普法的地点与场所为基层组织，包括基层村、基层社区、学校等。目前，我国的人口流动性依旧较高，如若期望普法能够最大限度地发挥作用，那么相关普法主体应该放低姿态，送法下乡、下街道、下社区，为基层群众学习法律创造一个良好的环境与便利的渠道，变"取法""问法"为"传法""送法"。

5. "七五"普法规划与法治文化建设

（1）"七五"普法规划的新需求与新目标

依据2016年《中华人民共和国国民经济和社会发展第十三个五年规划纲要》（以下简称《规划纲要》）的规

定，全面推进法治社会建设，要深入开展"七五"普法，把法治教育纳入国民教育体系。与《规划纲要》相对应，《国务院关于落实〈政府工作报告〉重点工作部门分工的意见》也明确要求各部委开展法治宣传教育，启动实施"七五"普法规划，做好法律援助和社区矫正工作。对比已经圆满完成的"六五"普法，如果说"突出学习宪法"与"深入学习法律"是"六五"普法的突出任务的话，那么，从上述文件可知，"七五"普法所面对的一大任务便在于将普法纳入"国民教育体系"。在上述要求之下，为了更好地实现"七五"普法的新需求与新目标，基层普法的基本对象与路径需要进一步的改革与完善。

（2）四方协作，推进"十三五"期间基层普法建设

法律知识的传递是一个自高向低、自稀及广的过程。预期将普法纳入"国民教育"，使法律知识能够高效地逐级向基层渗透、融入基层的日常生活之中，必须要四方共同协作，这四方包括：高等院校及科研院所、司法机关、媒体和教育部门。

在普法的整个过程中，法律的直接传递者包括两方，首先是高等院校及科研院所，其次是司法机关。高等院校及科研院所除了应作为普法的必要参与者、法律知识

重要的输出者以外，还应作为法学教育的主要带动者。其所具有的职责来自其自身的定位与资源。在目前国内的教育体系之中，高等院校是唯一具备大量法学人才的教育主体，因而面对普法教育，其责无旁贷。从普法内容来看，高等院校与科研院所的普法参与可以在确保普法内容正确性的基础上，增加普法内容的价值与质量；另外，高等院校的另一大优势还在于其丰富的教学经验与实践，对于不同的受众，高等院校可以采取不同的教学方式与教学模式，避免受众"被动学法"，以科学的教学方法最大限度地激发受众积极参与普法活动。可以说，高等院校的参与能够最大限度地适应整体教育体系对普法教育的要求，是建立普法"国民教育体系"的必然要求。

司法部门也应当走在普法队伍的最前列，做法律知识的直接传递者。与高等院校不同，司法部门由于其丰富的实践经验，其普法内容应与自身日常工作相结合、以实用性为主要的考察对象，立足于满足人民群众最基本的现实生活需求，进而最大限度地实现对整体国民主体的覆盖。如果说，高等院校及科研院所的普法是教导基层群众"知法"，那么，司法部门所主导的普法便是教导基层群众如何"用法"。

媒体同样也是普法的直接传递者，在此，媒体不仅仅包括传统的电视媒体与平面媒体，更应当包括以网络为代表的新媒体。媒体参与普法、传递法律知识有如下优势：首先，媒体普法的广度远远甚于传统的普法方式，其利用技术优势可以在短时间内向众多受众进行传递，这是传统普法方式所无法比拟的，也间接地提高了普法的效率，让基层普法真正深入到基层；其次，媒体普法利用先进的多媒体技术可以改变以往单一的接受模式，实现交互式的普法形式，如很多地方政府将普法网络课程与课后反馈相结合，学练结合，将互联网的优势发挥到了最大化。总而言之，媒体普法可以有益于构建立体的普法系统，以多种渠道协作普法，在节约成本、效益最大化的前提下，保障了基层群众有多种渠道学法、知法，是实现立体普法的关键环节。

如果说上述三方主体确保了基层普法在"十三五"期间拥有了硬件上与人员上的条件的话，那么教育部门在基层普法中更多地应当发挥软件的作用。将普法纳入"国民教育体系"，教育部门首先应当发挥桥梁与纽带的作用，有效地衔接普法受众与普法工作人员，为普法工作的具体展开提供场合和人员的便利，这是实现对基层群众的普法与在基层环境下的普法的前提要件。除此以外，教育部门应当着力于修改现行的教育体系，为普法教育的加入提供制度上的便利与支持，切忌使普法教育形式化。另外，预期最大限度地发挥普法教育在整体教育体系中的作用，教育部门还需要因地制宜、因人而异，面对不同地区、不同对象，采取多样化、区别化的普法教育，切忌普法标准的单一化。同时，对于新教育体系中的普法教育，其作为新事物，必然会与传统教育产生一定的冲突与摩擦，因此，教育部门的协调与统一便显得尤为重要。最后，将普法教育纳入"国民教育体系"之中，意味着在未来接受普法教育将成为一项国民义务，知法、懂法、用法将是国家对全体公民的一项基本要求。义务的履行需要相应机制的检验，对于普法受众，教育部门也应当建立完备的学习反馈机制，确保学与练、教与测相互结合，进而有效、及时地反馈普法学习的执行情况，这也是普法教育进入"国民教育体系"的必要大前提。

　　确保上述四方协作、共同普法，能够有效地满足"七五"普法对普法路径与普法受众的新需求，更好地推进基层普法的建设。同时，基层群众"知法""用法"能够促进群众以法律作为解决争端、冲突的有效手段，这是形成法治信仰的必要前提，同时，在基层群众通过法律途径解决自身问题的过程中，大量的司法经验与实践理论得以形成。从另外一个角度来看，这个过程又为法治文化建设积累了大量的精神文明成果，是法治文化赖以建立和发展的基础。

基层普法的最为直接的作用在于增进最广大人民群众对法律的了解与运用，保证普法对象的"全覆盖"，只有在此基础之上，对于法治的信仰才能够在最广大的群众之中确立，也只有如此，关于法治的精神文明成果才能够得以形成。因此，我们可以认为，基层普法对于推进法治文化的发展与建设起到了关键性的作用，对于社会主义法治的建设也起到了极其重要的推动作用。而具体到"十三五"期间，面对"七五"普法规划对普法教育提出的新要求，基层普法需要改革路径、深化执行，以多元化的协作机制来面向更广阔的基层群众，只有这样，法治才能深入人民、顺应民意；也唯有如此，法治文化也才能更好地与社会主义法治理念相结合、确保社会主义法治国家始终代表人民、服务大局。

五　法治宣传教育与普法内容的"系统化"

随着现代信息技术的发展与运用，以网络和移动互联网为代表的新兴媒体，已成为"七五"普法的一大工作亮点。借助互联网信息的便捷优势，各地积极运用微信、微博、微电影、客户端、手机报等新兴媒体开展法治宣传教育，创作播出法治电影、法治动漫、微视频等，既扩大了法治宣传教育的受众面，又极大地提升了普法宣传的感染力和社会效果。正是基于"六五"普法规划实施期间新媒体运用的经验和效果，以及互联网和新媒体技术日新月异的发展，"七五"普法规划将普法载体创新作为推进法治宣传教育工作创新的一项重要内容，要求"充分运用互联网传播平台，加强新媒体新技术在普法中的运用，推进'互联网＋法治宣传'行动。开展新媒体普法益民服务，组织新闻网络开展普法宣传，更好地运用微信、微博、微电影、客户端开展普法活动"。可以预见，"七五"普法必将进入一个普法的"微时代"。

从"总体法治宣传教育观"的价值要求出发，法治宣传教育与普法工作所要传播的"法律知识""法律技能"已经不能简单地停留在"普及常识"或者是"单向灌输"的层次，必须要有"针对性""实效性"和"系统性"，普法内容要关注普法供给与普法需求之间的比例关系，要建立面向普法对象实际存在的普法需求的普法内容有效供给机制；与此同时，还要关注根据党的十八届四中全会《全面推进依法治国决定》关于"全民守法、建设法治社会"的要求，建立内涵更加丰富的普法内容供给体系。

（一）普法内容要从"碎片化"向"有效化"过渡

1. 新媒体信息的碎片化本质

在"微时代"，任何信息一旦进入网络，分布在近200个国家的所有网络用户都可以在他们的电脑上看到。这种方式不仅可以不受时间、地点的限制，扩大了普法覆盖面，而且费用低廉，可以有效减轻公众因处理法律问题或者法治宣传教育工作者因传递信息而需承担的人力、物力、财力。新媒体技术使得每个人都是一个自媒体，实现了信息的"N次"传播，进一步扩大了信息的传播速度和覆盖范围。微阅读整合了阅读的时间和空间，让阅读更加自主、更加便利，让阅读无时无处不在，提高了受众阅读总体时间量和信息量。毫无疑问，微时代、微阅读，大大地改变了我们获取知识包括法律知识的途径、方式和特点，其优势不言而喻。但是，新媒体信息的碎片化本质是不容忽视的问题，也是落实"七五"普法规划中必须谨慎思考和应对的问题。

所谓"碎片化"，原意为完整的东西被分成许多零碎的小块，实际上是时间的碎片化、空间的碎片化以及精神分配、行动效能的碎片化。信息"碎片化"负面影响的表现是阅读方式的惰性化依赖，即过分地依赖于电子设备、搜索引擎等社交媒体，以提问和相互交流等方式获取信息，而少了系统化阅读的信息往往是不完整的、片面的。基于片面化的信息而产生的判断自然也是不科学的。比如在社交媒体上，很多人很容易被语句的煽动性、标题的蛊惑性、事实的夸大性、照片的虚假性所蒙蔽，而降低了辨别能力。因此，在海量的、碎片化的信息面前，信息的整合与加工成为关键，也成为应对信息"碎片化"负面影响的重要手段。那么如何对信息进行整合和加工，从而实现信息的"归聚"，应成为研究的重点。

因此，"七五"普法规划提出加强新媒体新技术在普法中的运用，这里的"加强"不仅应理解为载体形式上的建设和加强，而且要包括新媒体信息内容的建设和加强。

2. 新媒体普法内容创新的主要目标

新媒体普法有了新的形式还需要好的内容。应该说，加强新媒体平台建设是基础，为群众提供更多更好、权威便捷的法治宣传作品是新媒体普法持续发展的关键。目前，新媒体普法是各地普法工作的热点和亮点，各级法宣部门、各执法单位相继开通了大量的、各种各样的普法政务类微博、微信和手机客户端，同时各种法治微电影、法治动漫、法治微视频作品征集评奖活动比比皆是。粗浅地了解目前的官方微博、微信等宣传形式，普遍只是一种信息发布平台，适合新媒体宣传的精品很少，让人记忆犹新的宣传作品很少。新媒体在"七五"普法规划中的运用，应从形式的便捷性要求进一步转向对内容质量的要求，主要体现在普法内容的供需平衡性，以及普法内容针对性与系统性的平衡。

（1）普法内容的供需平衡性

普法内容的供需平衡性是传统普法方式和新媒体普

法方式中，普法内容建设共同的、基础的，也是最为重要的要求。中国社会科学院法学研究所法治宣传教育与公法研究中心在 2015 年承接的关于六个五年普法实施效果大数据分析研究的项目中，对目前网络普法内容的供需关系进行了大数据分析。课题组于 2015 年 7 月 13—15 日从中国国内 IP 地址的搜索引擎用户经常检索的 89652 个关键词中人工提取出 5184 个与法治相关的关键词进行了统计，用户每天平均检索上述关键词 2005494 次，当周共检索 14038458 次；2015 年 12 月 25—31 日对中国国内 IP 地址的搜索引擎用户再次进行与 2015 年 7 月 13—15 日测试相同性质的数据分析，国内上网用户每天平均搜索法治相关关键词总计 1796973 次，其中在百度上搜索 1698019 次、在搜狗上搜索 44628 次、在好搜上搜索 54326 次，一周共检索 12578811 次。

评测表明，民众每检索一个法律问题，在此次评测范围内的政务网站中，平均能得到 257.8 个关键词应答结果，总体上看，法治宣传服务的资源较为丰富。但也同时存在局部不对称、不均衡、与需求脱节的问题。

总的来说，用户对民商法相关法律知识的需求程度最高，占 33.6%，其次是刑法和宪法行政法。就消费者对不同纠纷/事件类别的关注程度来说，用户最关注的法律信息是寻求法律服务和法律教育（律师、公证、咨询等）的信息，其次是拐卖妇女儿童相关法律信息，以及婚姻、家庭、继承问题。

使用上述 5184 个与法治相关的关键词检索限定数据来源范围内的网站，并进行数据采集，得到如下数据：一是根据部门法分类的供给能力（日平均值）：内容关于民商法、刑法、宪法与行政法的网页数量为前三甲，与用户相关法律知识需求程度一致，但是民商法和刑法相关法治宣传教育服务存在更新速度（增量）低于平均值的问题。二是根据事件/纠纷类别分类的供给能力（日平均值）：内容关于知识产权，公司、创业，婚姻、家庭、继承的网页数量为前三甲。

供求关系呈现局部不对称关系：民商法、刑法呈现供大于求的现象，二者的信息总量占据法治宣传教育相关网页总数的 80% 以上，而对应的需求则不到 33%，显然资源浪费。同时，其余部门法的法制宣传教育信息则较为有限。按事件/纠纷分类的供需也呈现不均衡状态，军人抚恤、司法公开/阳光司法、诉讼与执行、税收相关法治宣传教育服务呈现供小于求的状态，而反欺诈、侵权损害赔偿、弱势群体保护、公司、创业、侵犯财产犯罪等法治宣传教育信息则供大于求，尤其是公司、创业与侵犯财产犯罪的法治宣传教育的乖离率达到750.47%和1048.92%。

由大数据统计对目前的普法服务供求关系的总体状况可以描述为：总体上可满足公民对普法的需要，但局部仍存在资源匮乏问题。供求比可以说明当某个公民在此次评测的政务网站检索其欲知悉的相关法律问题时可以得到的网络页面数量。总体上看，每搜索一次，可以得到257.8个关键词应答结果。但在部门法方面，军事法、党内法规、程序法、国际法、经济法、法律基本理论的资源仍较为匮乏。对信访，知识产权，侵犯人身民主权利犯罪，征地、拆迁，制毒、贩毒犯罪，反欺诈，侵权损害赔偿，弱势群体保护，公司、创业，侵犯财产犯罪的法制宣传教育非常充分，大大超过公民的检索量；但对军人抚恤、司法公开/阳光司法、诉讼与执行、税收相关法律问题的法治宣传教育仍不够充分，需要提升。

测评结果表明，目前网民从因特网上获得的法律服务信息与自身对法律知识和服务需求之间还没有完全形成稳定的需求满足结构，供求比与乖离率在上下10%区间波动的只占不到20%，说明依托因特网来实现的法律服务供求关系尚未形成稳定和平衡的供需结构，法律服务市场存在相当程度的盲目性。这就需要法律服务的提供者，首先是各级普法宣传教育管理机构要建立科学和合理的研究、分析和预判因特网法律服务市场供求关系的评估体系，利用大数据的分析工具和手段来及时调整和优化各类法律服务产品的结构，保证法律服务产品供需市场的大致平衡，使得社会公众的有效需求得到充分必要的满足，实现法治宣传教育工作效果的确定化和实体化，并能够上升到法律服务供给的科学决策层面来加以规制，从而使法治宣传教育工作真正做到规范化、制度化和实效化。此项目的研究成果应该在新媒体普法中得到高度的重视，应该在新媒体建设的过程中考虑普法内容的供需平衡关系。

（2）普法内容针对性与系统性的平衡

精确传播是新媒体传播的重要特征。精确传播是指允许受众进行信息的主动定制，根据受众的需求，进行有针对性的传播。如《今日头条》的核心功能是推荐搜索：通过用户的社交媒体账号和使用产品的信息反馈（包括用户对某一条内容的阅读、评论、收藏、在此内容上停留时间的长短），推断出用户的偏好，从而为其推荐个性化的内容。这种精确传播，虽然方便了受众，减少了受众筛选信息的时间，但是，它在无形中缩小了受众获取信息的广度。因为很多受众的兴趣爱好仅仅是以娱乐化为评判标准，如果总是为受众推送以他们兴趣爱好为主的信息，那么他们就会很容易错过真正对他们有用的信息。换而言之，这种精确传播存在两方面的缺陷：一是容易形成信息操作和垄断信息，二是获取的信息不完整、不系统。

普法以普及法律知识、培育法治文化为目标，因此普法信息不同于一般的社交媒体信息，应系统而全面地向受众传播，让普法对象全面准确地了解法律知识，而不是简单地追热点或者单一的问答式。然而，机械的全面普法，又容易因为受众没有兴趣点而达不到普法的实际效果。因此，为了保证新媒体普法内容的系统性和准确性，形成普法内容针对性与系统性的平衡，新媒体普法内容应制订中期和短期的普法计划，既针对受众定制信息，又通过信息整合、平台分类、时间段普法目标等方式，全面、系统、有计划地推送普法内容。

3. 新媒体普法内容创新的举措

加强新媒体普法产品内容建设应该从人才队伍建设、

平台资源整合和信息整合等方面着力。

（1）新媒体普法专门人才培育

好的普法内容，需要专业的普法人才提供。因此，普法人才队伍专业化不足将在一定程度上限制新媒体法治宣传教育的发展。为了适应新媒体时代法治宣传教育工作，人才的知识结构、能力结构要能胜任新媒体法制宣传教育工作的需要，既要精通法律，同时要熟悉基本的网络、视频、音频等，能够制作简易的动画，对文字、图片的处理、PPT 制作等能娴熟的操作，又要对普法教育有感情，热衷于法制宣传教育，同时还需具备过硬的政治素质和敏锐的判断力。

普法专门人才培育，一是加强培训、招录。一方面，对目前人员进行分层次、多渠道新媒体宣传的培训，另一方面，今后除引进法律人才以外，还要同时注重新媒体制作专业人才的招录。二是建立"新媒体法宣工作室"。建立"新媒体法宣工作室"，形成一支以志愿参与为主、政府购买服务为辅的创编队伍，聚集一批愿意参与法制宣传公益事业，拥有一定美工、视频、音频编辑能力的志愿者，形成"微投入、大产出"的内容创编机制。三是政府聘请专家顾问。四是政府直接向市场购买专业人员制作的普法产品。

（2）新媒体平台资源整合

以"联盟"或"矩阵"的方式整合平台资源，形成普法合力，形成大法宣平台效应，共同保障普法内容的全面性、系统性。平台整合对于分析和保障新媒体普法信息供需关系的基本平衡具有重要的意义。这正是"法宣在线"等普法新媒体的一种创新和探索。

在国家层面，新媒体平台资源整合也是一种发展趋势和基础性建设。一方面，国家相关部委应该尽快研究新媒体发展的顶层设计，加大投入力度，加强资源整合和技术平台共享的机制研究；另一方面，在"十三五"期间研究制定新媒体大数据发展战略，对传统媒体和新媒体拥有的大数据进行深入挖掘和分析，以为政府决策支撑、网络舆情分析、新媒体话语权的控制以及促进信息消费、刺激信息经济增长发挥重要作用。此外，国家还应加大推进三网融合的强度。充分发挥网络运营商和广电系统各自的优势，在促进两媒融合的同时，加强三网融合的力度，避免重复建设，加强平台整合。在法宣层面，既可以利用国家的平台资源整合，也可以进行以地域、专业、普法对象为类别的专题法宣新媒体平台资源整合。

（3）新媒体信息整合与加工

新媒体信息整合主要是指提高策划与二次加工普法信息的能力。过去，编辑的工作重点是修改稿件、编排版面等。资源整合后，编辑团队将更多介入报道活动，不但要提前策划出方案，与信息采集者进行沟通和协调，还要根据信息中的众多素材，精确选择出适合不同传播终端需求的普法信息资源，进行二次编写，必要时还要组织有关联度的信息以及背景分析和评论，设计出不同传播载体与终端之间内容的区分和联系，使得普法产品呈现出个性化、立体化、丰富化的特征。

（二）以案释法与"七五"普法

以案释法是指根据具有重大典型教育意义、社会关注度高、与群众关系密切的案件来诠释法律的过程。以案释法的主体包括法官、检察官、行政执法人员、律师、公证员、普法志愿者等；以案释法的对象是一切有接受教育能力的公民，重点加强对领导干部、公务员、青少年、流动人口、企事业经营管理人员和农民的以案释法；以案释法的内容为具有重大典型教育意义、社会关注度高、与群众关系密切的案件。要求各部门年内重点建立和落实典型案例筛选发布制度、建立以案释法媒体传播制度、建立以案释法宣传讲解制度、建立以案释法整理编辑制度、建立以案释法新媒体宣传制度及建立以案释法律师宣讲制度。

制订"七五"普法规划，是全面依法治国的必然要求。全民普法和守法是依法治国的长期基础性工作。把全民普法工作深入持久地开展下去，进一步增强全民法治观念，推动全社会树立法治意识，对于全面依法治国具有重要意义。

法治宣传教育的对象是一切有接受教育能力的公民，重点是领导干部和青少年，他们也是精准普法的对象。坚持把领导干部带头学法、模范守法作为树立法治意识的关键，完善国家工作人员学法、用法制度。坚持从青少年抓起，切实把法治教育纳入国民教育体系，制定和实施青少年法治教育大纲，在中小学设立法治知识课程，确保在校学生都能得到基本的法治知识教育；并且要因地制宜开展有特色的法治宣传教育，突出加强对企业经营管理人员、农民工等群体的法治宣传教育。普法宣传教育的途径包括：

一是健全普法宣传教育机制。各级党委和政府要加强对普法工作的领导，宣传、文化、教育部门和人民团体要在普法教育中发挥职能作用，积极动员社会力量开展法治宣传教育，建立健全工作考评激励机制。

二是健全普法工作责任制。实行国家机关"谁执法谁普法"的普法工作责任制，建立法官、检察官、行政执法人员、律师等以案释法制度，健全媒体公益普法制度，落实"谁主管谁负责"的普法责任，各级党组织要切实履行学习宣传党内法规的职责。

三是推进法治宣传教育工作创新。深化法律进机关、进乡村、进社区、进学校、进企业、进单位的主题活动，推进"互联网＋法治宣传"行动，加强对外法治宣传工作。

1. 法官最大限度以案释法

党的十八届四中全会通过的《全面推进依法治国决定》提出："建立法官、检察官、行政执法人员、律师等以案释法制度。"坚持把全民普法和守法作为依法治国的长期基础性工作，深入开展法治宣传教育，引导全民自觉守法、遇事找法、解决问题靠法。同时提出，要建立以案释法制度，实行国家机关"谁执法谁普法"的普法责任，使尊法、守法成为全体人民的共同追求和自觉行动。

法律的遵守，并不完全是法律内在效力的逻辑延伸，也不仅仅是法律从文字到事实的最后环节的简单延伸。法律的遵守，依赖于全民内心的信仰。因此，在引导和要求全民自觉守法的过程中，必须首先提升群众对法律的认同感。在司法执法实践中，法官要主动承担以案释法责任，广泛开展以案释法活动，充分利用裁判文书公开、发布典型案例、公开庭审、巡回审判等方式，切实提高普法实效。

法官要主动承担以案释法责任，帮助群众知晓和熟悉法律，培养群众的法治思维，增强全民法治观念，更好地推进法治建设。

一是强化裁判文书释法说理。裁判文书释法说理是当事人服判息诉的一个重要条件，也是彰显司法文明公正、树立公信的必然要求。强化裁判文书说理，法官要把"辨法析理、以理服人"作为重点，做到入情、入理、入法，法理情有机统一，使当事人心悦诚服地接受裁判。当前，法官要增强对争议较大、案情复杂、适用法律困难等案件的说理意识，努力推出更多的精品裁判文书，向社会展现法官风采、传播正义声音、弘扬法治精神。

二是发挥典型案例引领作用。案例是法院执法办案后形成的司法产品，加强以案释法工作，充分发挥典型案例的指导和引领作用，引导公众以法治思维方式维护自身合法权益，培养规则意识，对于法律正确实施、全面推进依法治国意义重大。因此，法官要注重结合实际，选择身边的案例、典型的案例、针对性强的案例，切实满足宣讲对象的法律需求，通过"说身边的事，教育身边的人"，真正达到以案释法的目的。

三是认真落实庭审公开制度。庭审活动是诉讼活动中的重要环节和核心内容，就普及法律知识、增强法治意识而言，旁听庭审则更直观、更有效。法官要以规范严谨的庭审进行法治宣传，让旁听者感受到法治的威严、程序的价值，在社会中树立法律权威，提升司法公信力，弘扬社会正义。

四是大力推进巡回审判工作。开展巡回办案，审判进机关、进乡村、进社区、进学校、进企业、进单位，其最大的副产品就是宣传了法治。法官要进一步发扬光大，把巡回审判变成开展法治宣传和教育的大课堂，努力让最大多数人甚至每一个人都能够旁听案件的审理，使群众在沐浴法治阳光、感受公平正义中增强法治意识。

以案释法是一项长期的工作，为保持这项工作的生命力，法官要积极探索普法宣传的新方式，在搞好"以案释法"的同时，积极拓展教育对象，精心筛选"以案释法"内容，满足不同对象的学法需要，真正把以案释法工作在基层、在老百姓中开展起来。

2. 北京市组织律师宣讲团，创新以案释法宣讲活动

2015 年 3 月 19 日，北京市以案释法宣讲活动暨首都律师以案释法进机关首场宣讲在首都图书馆法治宣传教育基地正式启动。① 宣讲从行政执法的"程序"合法性入手，通过鲜活的案例探讨了行政思维和审判思维的关系，旨在切实提升领导干部和行政执法人员的法治思维和依法办事能力，推进法治北京建设。

以案释法活动是为了深入贯彻党的十八届四中全会和北京市委十一届六次全会关于建立法官、检察官、行

---

① 《北京多部门组成"以案释法"宣讲团为民普法》，中国青年网，2015 年 3 月 20 日，参见 http://news. xinhuanet. com/politics/2015 - 03/20/c_ 127602656. htm，2016 年 11 月 20 日最新访问。

政执法人员、律师等以案释法制度的指示精神，由北京市法制宣传教育领导小组办公室重点推出的贯穿 2015 年全年的全市性大型普法惠民项目。其中，先期推出的"首都律师以案释法"活动的讲座数量确定为 1000 场左右，多部门联动、集群化推进、分专业实施、互动式宣传，努力通过这种全新的普法宣传模式，切实提升全市各重点普法对象的法律素质，为建设法治北京营造良好的社会氛围。

以案释法活动注重工作效果，注重贴百姓、接地气，北京市法宣办广泛调研，根据各行业委办局提供的普法需求，区分重点普法对象和普法需求重点内容，确定了首批十三个以案释法宣讲主题，并由市律师协会负责组建了相应的律师宣讲团。这些宣讲主题涉及面广泛、重点突出：进企业、进校园、进机关、进农村以案释法，服务于多层次、多领域依法治理；老年人、残疾人、妇女儿童权益保护的以案释法，服务于弱势群体合法权益保障；婚姻继承、小区物业管理、消费者权益保护的以案释法，满足市民生活中的法律服务需求；流动人口、交通出行、城市综合管理的以案释法，服务于首都功能新定位。同时，为了保证律师宣讲团队的服务水平，北京市律师协会在市法宣办的指导下，精心选拔责任心强、业务素质过硬、具备一定志愿服务水平的律师组建队伍，形成了以市律师协会20余个专业委员会的优秀律师为骨干的宣讲队伍。

此外，为保证活动的顺利推进，北京市法宣办统筹全市情况，将涉及民生领域的市属行业委办局、专职维护弱势群体和消费者权益的市法律援助中心、市消费者协会的16家单位纳入不同主题的宣讲团队，实现了普法宣讲"法律供需"的无缝衔接，夯实活动基础，有力保证了活动的持续推进。

以案释法活动启动后，各宣讲团队全面开展工作，以需求为导向精心组织活动内容，通过巡回宣讲、集中授课、模拟法庭、疑难问题"会诊"、企业法律风险评估等灵活多样的宣讲方式，为不同人群送去法律知识，带动社会学法用法氛围，不断提升以案释法的普法实效。

3. 江苏省宿迁市建立以案释法五项制度①

为满足全市公民学法需求，推动落实"谁执法谁普

---

① 《宿迁建立以案释法五项制度》，江苏政府法制网，2016年5月17日，参见 http：//www.jsfzb.gov.cn/art/2016/5/17/art_381_75791.html，2016年11月20日最新访问。

法"责任制，发挥法官、检察官、行政执法人员、律师等专业人员的职业优势及典型案例的示范作用，使案件审判、行政执法、纠纷调解和法律服务的过程成为向群众进行普法宣传的过程，进一步推动以案释法常态化、规范化和制度化，增强法治宣传教育工作的针对性、实效性，市委宣传部、市依法治市办、市法宣办、市法院、市检察院、市司法局、市法制办七部门联合制定出台了法官、检察官、行政执法人员、律师以案释法制度。主要有五项内容：

一是建立普法需求分析研判制度。紧紧围绕经济社会发展需要和人民群众日常生产生活需要，加强对人民群众法律服务需求规律与趋势的研究，完善"需求、研判、反馈、供给"的工作流程和工作机制，多层次、全方位摸清社情民意，动态掌控社会普法需求，并以需求为导向指导以案释法的全面开展。在注重听取和收集不同人群法律需求的同时，加强案例分析，每季度定期开展研判，找出典型性、规律性、苗头性问题并提出对策，并于季度末向各级法制宣传教育工作领导小组办公室报备。

二是建立典型案例筛选发布制度。切实加强案例指导，精心筛选具有重大典型教育意义、社会关注度高、与群众关系密切的"身边案例"等作为释法重点，全面推行说理式执法，推行重大案件信息发布；依托电视、报纸、期刊等大众传媒法治专版专栏，广泛运用微博、微信、微电影、手机客户端等现代手段，每月定期以专题形式发布典型案例，形象还原案件事实，正确引导案件解释，加大以案说法力度。

三是建立普法案例库制度。司法、行政执法部门定期编辑民商事、刑事等司法典型案例和涉及政府信息公开、行政征收、行政处罚及行政程序瑕疵等方面行政执法的典型案例；司法行政部门定期编辑全市律师代理的各类典型案件，做到"有案情、有法理、有分析"；法治宣传教育主管部门加强典型案例整理编辑工作，定期收集各司法、行政执法机关、法律服务机构以案说法案例，逐步建立普法案例库、案例视频集、普法产品菜单，不断增强以案释法产品的系统性；组织开展年度典型法治案例、法治事件、普法产品（创意）的征集、评比、汇编工作，并通过各类媒体进行宣传，传播法治理念，弘扬法治精神。

四是建立以案释法宣讲制度。司法执法部门要选取典型案例制作内容生动、形式多样的宣传资料，借助青年普法志愿者"三助三行"等活动载体，广泛深入机关、乡村、社区、学校、企业、单位开展"以案释法基层行""百案说法"宣讲等主题活动。每部门每年至少开展两场较大规模的"法律六进"活动。司法执法部门可针对领导干部、公务员、企业经营管理人员、青少年、农民和农民工等不同群体，选择合适的案件，充分利用听证会、通报会、新闻发布会、开放日、审判白皮书以及巡回办案、巡回法庭、庭审直播、生效文书统一上网、公布失信被执行人名单等形式，扩大社会参与面。司法行政部门要积极动员组织法律服务机构与机关、乡村、社区、学校、企业、单位挂钩结对，定时定点开展"法律六进"活动，通过以案释法、法律咨询、"法律体检"等形式，帮助当事人有效防范法律风险、依法维护合法权益。

五是建立以案释法志愿者服务运行制度。司法执法机关、法律服务机构要组建普法志愿者队伍，建立完善的登记注册、系统培训、宣誓上岗、交流反馈、评估考核等普法志愿者相关制度，形成参与社会化、管理网络化、培训专业化、监督常态化的普法志愿服务运行体系。

法宣办要建立普及化的以案释法志愿服务激励制度,通过选树先进典型、评选表彰奖励、媒体广泛宣传,进一步强化司法执法人员和法律服务人员从事普法志愿服务的社会荣誉感和责任感,提升以案释法志愿服务的水平。

4. 总结创新形式、构建长效机制推进普法大格局

"以案释法"可以结合基层社区的普法工作实际,与社区、农村居民居住点、城镇居民居住点等结合起来,在基层群众聚集的地方,通过丰富的以案释法的形式,让人民群众从具体的案例中了解法律的运行机制,学会如何运用法律来解决实践中所遇到的具体问题。具体来说,在全国城乡都可以强化以下几个方面以案释法工作:

一是建立"以案释法"宣讲制度。采取多种形式进行宣讲。一要充分发挥普法人才库、法律顾问、法律专家等的作用,结合公务员培训、依法行政执法培训、法制宣传月等活动,通过讲座、座谈、送法进课堂、送法下乡、送法进企业、送法进市场等形式,开展以案释法活动。二要以行政执法工作为载体,边执法边普法,在行政执法各环节全面宣讲工商法律法规。三要结合身边或实际工作中发生的案件,以身边人说身边事、以身边事教育身边人,推动法治宣传教育贴近基层、贴近百姓、贴近生活。旨在通过群众更容易接受的案例形式来提升普法的针对性和实效性，以提高全民法律素养，展示法治建设成果，营造更为浓厚的法治氛围。

二是建立"以案释法"整理编辑制度。按照分级负责的原则，各单位、各业务部门和监察部门每年年底前将行政许可、行政执法办案、政府信息公开、专项整治工作中的典型案例和贪污贿赂、失职渎职等职务犯罪典型案例进行筛选整理，并汇编成册向社会各界免费发放或公示。通过典型案例的整理编辑，以个案推动依法行政，以典型案例指导执法实践，规范行政、行政处罚自由裁量权的行使。

三是建立"互联网＋普法宣传"制度。强化互联网思维，加强新媒体、新技术在普法中的运用，建立微信、微博、手机客户端等公众普法平台，使新媒体成为公众普法的新平台、新渠道、新途径，为公众提供更多、更便捷的学法用法渠道，把法治宣传延伸到社会的每个角落，形成网上网下、线上线下相互补充的多层次全方位普法格局。

四是强化基础保障，采用整体联动的方式推动"以案释法"普法大格局的形成。为构建全方位、立体式"以案释法"普法大格局，切实提升人民群众对法治宣传教育的知晓率和满意度，增强公民群众的法治意识和法律素养，在全社会形成"办事依法、遇事找法、解决问题用法、化解矛盾靠法"的浓厚法治氛围，将"以案释法"工作经费纳入本级财政预算，并从村公和居民委员会经费中列支专项资金，确保村级"以案释法"活动的顺利开展。

五是在全社会初步形成人人争当普法员的风气。促进形成全民创作法治微电影的热潮。可以由电视台牵头，选取典型案例改编并拍摄成普法短剧。各单位推荐本单位执法人员亲自参演，并从"以案释法"演员库中挑选群众演员参与演出，"身边人演身边事教育身边人"，让人人都成为普法员。通过编印读本、开展讲座、文艺巡演、拍摄短剧等形式，引导人民群众主动参与到"七五"普法工作中来。

六是立足实际，构建"以案释法"长效机制。印发文件，明确案例报送、讲座开展、文艺巡演、媒体宣传等各项工作要求及具体责任单位，确保工作迅速落实。例如可以印发《关于进一步贯彻落实"谁执法、谁普法"工作机制的实施意见》，健全"谁执法、谁普法，谁主管、谁负责"的普法工作责任制，形成部门分工负责、各司其职、齐抓共管的普法工作格局，推动"法律六进"工作深入持久开展。

七是为扩大"以案释法"普法活动的品牌影响力和传播效果，可以开展各式各样的评比活动。通过在讲座、巡演现场发放意见反馈表，收集群众评分及意见，每年年底评选"我最喜爱的普法讲师"及年度优秀法治文艺节目，采取以奖代补的形式鼓励和吸引更多人主动加入到普法宣传的队伍中来。每年年底，组织推荐优秀法治文艺节目，组织开展汇报演出，坚持"从群众中来，到群众中去"，为民搭建法治文化展示舞台，让这些来自基层、新鲜活泼、群众爱看能信的节目给市区居民"上课"。通过扩大宣传造势、引导各方参与，扩大"以案释法"品牌影响力。

八是为提升"以案释法"工作实效，可以由市县级电视台全程跟踪各项工作推进情况，及时开展相关宣传报道。同时由宣传部、纪委部门牵头成立专项督导小组，充分发挥"以案释法"顾问团及市民观察员的作用，收集相关情况，并根据群众反映对工作做出必要调整，有效确保工作实效。

过去的普法是"坐等群众寻法、罗列条文展法、会议室集中读法"，以上创新"以案释法"普法工作方式，仿若一股"小清新"风注入生活。"普法读本""法治大讲堂""文艺巡演""法治微电影"等让老百姓多了一个新舞台，找到了一个新课堂。"以案释法"普法活动热闹开展的背后，是全民法治意识和幸福指数的不断提升，可为创新普法工作方式、开辟基层治理法治化探索出一条新的路径。"七五"普法规划实施期间，要打造全民参与的"大普法"平台，进一步提升普法宣传的实效性和群众参与度，形成"人人学法、人人普法、人人守法"的良好氛围。

（三）党内法规是"七五"普法规划的一项重要内容

"七五"普法规划将深入学习宣传党内法规列为今后五年普法工作的七项主要任务之一。提出学习宣传党内法规，是"七五"普法规划的一大亮点，在法治宣传史上尚属首次。

2014年10月，在党的十八届四中全会上，党内法规首次被写入中央全会文件，被确认为中国特色社会主义法治体系的重要组成部分，引起社会的广泛关注。但对于大多数人来说，党内法规还是一个"新生事物"。如何做好党内法规宣传教育工作，目前尚未破题。探讨党内法规宣传教育的规律和特点，对于更好地开展党内法规宣传教育，推进全面从严治党、依规治党，具有重要意义。特别是党的十八届六中全会对全面从严治党提出了新要求，全会强调，党内监督的任务是确保党章、党规、党纪在全党有效执行，维护党的团结统一，重点解决党的领导弱化、党的建设缺失、全面从严治党不力，党的观念淡漠、组织涣散、纪律松弛、管党治党宽松软问题，保证党的组织充分履行职能、发挥核心作用，保证全体党员发挥先锋模范作用，保证党的领导干部忠诚、干净、担当。党内监督的主要内容是遵守党章、党规和国家宪法、法律，维护党中央集中统一领导，坚持民主集中制，落实全面从严治党责任，落实中央八项规定精神，坚持党的干部标准，廉洁自律，秉公用权，完成党中央和上级党组织部署的任务等情况。要提高党内监督的效率，必须在"七五"普法规划实施期间，对广大党员干部进行全面、系统和有效的党内法规的基础知识培训和教育，增强党内法规的普及性和适用性。

1. 党内法规宣传教育的实践

在探寻党内法规宣传教育的规律和特点前，有必要追溯党内法规宣传教育的实践。

　　根据马克思主义建党学说的基本原理和列宁的建党原则，党的一大制定了党的历史上第一个党内法规——具有党章性质的《中国共产党第一个纲领》，而党内法规这个概念则是1938年毛泽东同志在党的六届六中全会上首次提出的，此后党的历任领导人都接受并援用这个概念。按照2012年5月中共中央颁布的《中国共产党党内法规制定条例》，党内法规是党的中央组织以及中央纪委、中央各部门和省区市党委制定的规范党组织的工作、活动和党员行为的党内规章制度的总称。

　　新中国成立前，受当时的环境条件限制，党内法规没有也不可能进行正式的、大范围的宣传教育。新中国成立后，我们党比较重视党内法规的宣传教育。在一些党内法规的发布通知中，明确要求各级党组织和全体党员学习宣传贯彻党内法规。比如，2010年6月4日中共中央印发的《中国共产党党和国家机关基层组织工作条例》，在发布通知中提出，各级党委（党组）一定要认真学习、大力宣传和坚决贯彻《基层组织工作条例》，以改革创新精神带头做好机关党的工作；2012年5月26日中共中央印发《中国共产党党内法规制定条例》，在发布通知中强调，要强化宣传教育，加大执行力度，切实维护党内法规的权威性和严肃性，努力在全党形成重视、学习、遵守党内法规的浓厚氛围。这是党的历史上第一次明确提出全党学习党内法规。党内法规发布后，有关部门还通过编写法规释义、法规导读、学习问答、辅导读本、实用手册、培训教材，举办讲座、培训班，开展党内法规宣传周、宣传月活动等方式，对党内法规进行宣传教育。

为帮助我们进一步认识党内法规宣传教育工作，在此选取四个比较成功的事例作一扼要介绍。

事例一：党章的宣传教育——权威推进型。党章是立党、管党、治党的总章程和总规矩。我们党历来高度重视党章的宣传教育。一是党的全国代表大会在其做出的有关党章修改的决议中，提出学习党章的要求。比如，1982 年 9 月 6 日党的第十二次全国代表大会通过的《关于〈中国共产党章程〉的决议》，要求各级党委和每个党组织都要认真组织对于新党章的学习，努力使全体党员认真理解党章总纲和党章的各项规定。二是在党章修改所作的说明中，要求各级党委和全体党员学习党章。比如，党的十一大党章修改说明提出，党的各级组织、每个共产党员，都要认真学习党章，严格遵守党章，坚决执行党章，并且同任何违反党章的言论和行动做斗争。三是党的领导人对学习宣传党章提出明确要求。习近平总书记在党的十八届一中全会结束后第5天，就在党中央机关报《人民日报》上发表署名文章《认真学习党章，严格遵守党章》，这在党章史上是前所未有的。四是利用答记者问的方式宣传党章。1982年十二大党章修改时，为了更好地宣传党章，胡乔木发明了答记者问这种形式，详细阐明修改党章的时代背景、重要意义、基本特点、主要内容等。五是开展专项学习贯彻活动，比如，2016年2月，中央办公厅印发《关于在全体党员中开展"学党章党规、学系列讲话，做合格党员"学习教育方案》的通知，对学习党章、《中国共产党廉洁自律准则》《中国共产党纪律处分条例》等其他党内法规提出具体要求以及认真学习和贯彻落实党的十八届六中全会审议通过的两个重要党内法规《关于新形势下党内政治生活的若干准则》《中国共产党党内监督条例》的重要内容。

事例二：准则的宣传教育——部门督导型。1980年2月29日党的十一届五中全会通过的《关于党内政治生活的若干准则》（以下简称《准则》），是我们党经过

"文化大革命"十年、遭受惨重损失后，根据马克思列宁主义、毛泽东思想的建党原则，按照党的十一届三中全会精神，汲取建党以来的经验教训制定出来的，是仅次于党章的重要党内法规，是党章的补充和细化。全体党员要认真学习、自觉遵守《准则》。从1980年4月到11月的半年时间里，中央纪委先后在北京召开了三次座谈会，系统总结各地区、各部门学习贯彻的经验和工作中存在的问题，并根据当时形势对学习贯彻工作提出具体要求。各地区、各部门以党章和《准则》为主要内容，普遍进行党员、干部轮训，这是十多年来所未有的一次广泛的党内教育。绝大多数省（区）、市党委和中央国家机关党组织按照中央和中央纪委的要求，及时召开民主生活会，对照《准则》开展批评与自我批评，将贯彻执行《准则》的情况按时报送中央和中央纪委。一些地区还制订贯彻《准则》的具体规定，并将其公布于众，发动群众监督。以上举措，有力促进了《准则》的贯彻落实。

事例三：制定条例、备案规定、五年规划纲要的宣传教育——统筹协调型。为加强党内法规建设，2012年中央先后印发《中国共产党党内法规制定条例》《中国共产党党内法规和规范性文件备案规定》，2013 年印发《中央党内法规制定工作五年规划纲要（2013—2017年)》。这三个法规文件是党内法规工作的基础性、指导性文件，很有必要向全社会进行宣传。2013 年，中央有关部门制订宣传方案，媒体、实务部门、专家学者对这三个法规文件进行了集中宣传，中央电视台播发消息稿，《人民日报》全文公布文本，并配发有关部门负责人答记者问，《求是》杂志刊发相关文章，有关专家从不同角度进行解读，取得了良好效果。

事例四：八项规定的宣传教育——实效取向型。2012 年 12 月 4 日中央政治局审议通过的《十八届中央政治局关于改进工作作风、密切联系群众的八项规定》（以下简称 "八项规定"），是党内法规建设史上甚至是党的建设史上都具有里程碑意义的重要党内法规，影响范围之广、程度之深前所未有。学习宣传也受到高度重视：一是在发布通知中对学习贯彻八项规定提出严格、具体要求，并通过中央电视台等权威媒体广而告之；二是各地区、各部门结合实际制定配套法规制度，对学习贯彻八项规定提出具体要求；三是中央领导同志率先垂范、以上率下，推动了八项规定的学习贯彻；四是每逢春节、中秋节、教师节等重要节假日，中央都专门出台文件，不断重申八项规定，严刹送礼之风；五是中央纪委网站就违反八项规定情况每月更新一次月报，从未间断；六是媒体和群众共同监督，广州监督公车私用、"几乎比市长更有名"的区伯就是一个典型。① 三年多来，八项规定深入人心，成为人们工作、生活的新常态。

2. 党内法规宣传教育的特点

从上述情况可以看出，党内法规宣传教育具有以下几个特点，可以概括为"七多七少"：一是从宣传主体看，缺乏专门机构，通常是谁发文谁负责，中央办公厅、中央纪委、中央组织部等党口部门宣传多，媒体、专家等党外宣传少。二是从宣传内容看，党内法规文本宣传多，党内法规的定义、分类、效力、作用等基本知识宣传少；党内法规的条款宣传多，条款的背景、含义、意义宣传少；党章、准则、条例等位阶高的党内法规宣传多，规则、规定、办法、细则等位阶低的党内法规宣传少，现行有效的党内法规约1800件，多数党员干部只是

---

① 区伯，本名区少坤，因监督公车私用闻名，被称为"全国监督公车私用第一人"。他主要采取的监督方式是以"广州区伯"的身份在新浪微博上曝光涉嫌公车私用的车辆，并向相关部门举报。

对其中的党章、准则、条例较为熟悉。三是从宣传方式看，利用报刊、广播、电视等传统方式宣传多，利用微信、微博、客户端等新媒体、新技术宣传少。四是从宣传对象看，主要限于党内，对党员干部宣传多，对普通群众宣传少。五是从宣传工作本身看，缺乏统筹规划，通常各自为政，宣传不统一、不规范，一般性宣传要求多，具体的、可操作的宣传要求少。

综上所述，现阶段党内法规的宣传教育还存在一些值得关注的问题。在"七五"普法规划首次把学习宣传党内法规作为一项主要任务的情况下，一些悬而未决的问题亟须予以明确。

一是是否需要确定一个专门负责党内法规宣传教育的机构？30年普法工作经验表明，司法行政部门牵头负责，拟订普法规划并组织实施，指导各地区各行业的普法工作和依法治理工作，对于普法工作的有效有序开展起到了不可或缺的关键作用。做好党内法规宣传教育工作，必须有一个牵头负责部门。党委宣传部门负责全党的学习宣传工作，在普法工作格局中负责党政领导干部的普法工作，与党内法规宣传教育的对象重合。建议明确党委宣传部门为负责党内法规宣传教育的专门机构，承担拟订党内法规宣传教育规划并组织实施、指导各地区、各部门开展党内法规宣传教育的职责。同时明确中央办公厅、中央纪委、中央组织部等部门的协同职责。为化解现阶段党内法规宣传教育存在的问题，建议党内法规宣传教育专门机构确定后，中央宣传部发布通知，对党内法规宣传教育的领导体制、责任主体、目标任务、工作重点、工作原则、工作方式、工作要求、监督检查、责任机制等做出统筹安排，推进党内法规宣传教育制度化、规范化，为开展党内法规宣传教育提供基本遵循。

二是党内法规是否应当面向社会公众进行宣传？答案是肯定的。主要原因是，党内法规的贯彻执行，离不开群众监督。我们党是一个长期执政的政党，是中国特色社会主义事业的领导核心，不是普通的社会组织。群众监督是践行毛泽东"只有人人起来负责，才不会人亡政息""窑洞对"思想的重要体现。① 党内法规是管党治党的重要依据。人民群众是最强大的监督力量，是党内

---

① 1945年7月，黄炎培到延安考察，向毛泽东提出中国共产党能不能跳出历史上"其兴也勃焉，其亡也忽焉"历史周期律的问题。毛泽东表示："我们已经找到新路，我们能跳出这周期律。这条新路，就是民主。只有让人民来监督政府，政府才不敢松懈。只有人人起来负责，才不会人亡政息。"

法规落到实处的重要保证。大量违反八项规定的行为被曝光查处，正是得益于无处不在的像区伯这样的普通群众。

三是司法行政部门是否也是党内法规的宣传主体？这实际上是党委宣传部门和司法行政部门在党内法规宣传教育方面的职责划分问题。考虑到既有工作格局，除党委宣传部门承担拟订党内法规宣传教育规划并组织实施、指导各地区各部门开展党内法规宣传教育的职责外，建议将其他党内法规宣传教育职责一分为二，党委宣传部门负责对党员领导干部的党内法规宣传教育，司法行政部门负责对普通党员群众的党内法规宣传教育。

3. 党内法规宣传教育的规律

从上述情况还可以初步归结出党内法规宣传教育的以下规律：

规律一：围绕中心是做好宣传教育工作的根本要求。党内法规宣传教育实践表明：适应党的建设需要，党内法规宣传教育必须围绕中心、服务大局，在不同时期突出不同的宣传重点。党的建设需要是皮、是根本，党内法规宣传教育是毛、是枝杈。凡是党的建设需要的，相关党内法规的宣传教育就要跟上。这应当成为党内法规宣传教育的一项基本原则。

规律二：领导重视是做好宣传教育工作的关键因素。党内法规宣传教育实践表明：领导重视、以身作则，宣传教育工作就能够取得实实在在的成效。英国思想家培根指出：一次不公正的判决比多次不公正的举动祸害尤烈，因为后者不过是弄脏了水流，前者却破坏了水源。党员群众对党内法规的感性认识更多来源于党内法规的执行。领导高度重视，执规部门就能严格执行党内法规，党员干部就会自觉遵守党内法规。开展党内法规宣传教育，必须抓住党员领导干部这个"关键少数"。建议把党内法规纳入当前正在开展的国家工作人员学法用法工作，列入党委（党组）中心组学习内容，列入党校、行政学院、干部学院、社会主义学院培训教材，列入党员领导干部述职和考核内容，各级党委（党组）的民主生活会也要把对照检查党章和其他重要党内法规执行情况作为重要内容，在全党形成重视、学习、遵守党内法规的浓厚氛围。

规律三：因人施教、因规施教是做好宣传教育的内在要求。党内法规宣传教育实践表明：党内法规对党员干部和普通群众具有不同意义，在内容、方式、强度等方面对二者的宣传要有所区别，对普通群众可以进行"大水漫灌"，对党员干部就要做好"滴灌"；不同的党内法规对党的建设具有不同意义，相对于其他党内法规来说，党章、准则、条例等重要党内法规对党的建设意义更大，宣传教育的广度、深度、强度相应就要大一些。由于党内法规主要适用于党内，在宣传教育上必须因人施教、因规施教，既要宣传党内法规文本，又要宣传党内法规基本知识；既要宣传党内法规的条款，又要宣传条款的制定背景、基本含义和来龙去脉，点准穴位、挠到痒处，切实增强针对性和实效性。

规律四：生动有趣是做好宣传教育工作的重要保证。党内法规宣传教育实践表明：宣传方式与宣传效果密切相关。一般说来，文字、图片、视频、微信、动漫等宣传方式的宣传效果呈递进趋势。就文字而言，相较于一般文章，案例剖析、警示教育的效果更好。开展党内法规宣传教育，要尽可能以视频、微信、动漫为主，文字、图片为辅，多采取案例剖析、警示教育等方式。需要指出的是，宣传效果好的宣传方式就是好的宣传方式。在广泛运用新媒体、新技术的同时，也要考虑到地方、部门、环境等的差异，因地制宜确定宣传方式。

　　规律五：保障有力是做好宣传教育工作的基本条件。党内法规宣传教育实践表明：开展党内法规宣传教育，离不开系统完备的保障制度。一要加强组织领导，健全工作机构，完善工作制度，努力形成党委领导、党委宣传部门负责、党政部门协同、社会参与的党内法规宣传教育工作格局。二要加强宣传工作队伍建设，以党委宣传部门宣传工作者队伍和各部门、各行业专兼职宣传工作者队伍建设为重点，努力打造一支政治坚定、业务精湛、素质优良的宣传工作队伍。三要保障党内法规宣传教育的必要经费。

六　法治宣传教育与普法手段的"现代化"

当前，我国正处于社会转型期，呈现出经济体制深刻变革、社会结构深刻变动、利益格局深刻调整、思想观念深刻变化等特点，特别是随着信息技术的迅猛发展，"互联网＋"时代已经到来，这就要求互联网在社会资源配置中进一步发挥优化和集成作用，将互联网的创新成果与现实社会存在的各领域深度融合。因此，在"七五"普法规划实施期间，贯彻落实"总体法治宣传教育观"必须具有与时俱进的工作思路，把握当前信息化、网络化的新趋势，着力推进法治宣传教育的现代化，通过与以"互联网＋"为代表的新技术与新媒体相结合，提升法治宣传教育工作的创新力和实效，形成更广泛的以互联网为基础和实现工具的法治宣传教育发展新形态。

"总体法治宣传教育观"坚持深入贯彻习近平总书记"提升法治宣传教育实效"的重要指示精神，对法治宣传教育的形式遵循"有效性原则"，只要是能产生良好的法治宣传教育效果的形式都可以针对不同群体来试点、推广和予以常态化。现代化是"总体法治宣传教育观"

的重要特征之一，强调进一步落实"七五"普法规划关于"充分运用互联网传播平台"的要求，加强新媒体新技术在普法中的运用，推进以"互联网＋""大数据"和"云计算"为代表的最新信息科技发展成果以及新媒体传播方式与法治宣传教育深度融合，实现"互联网＋法治宣传教育"的新型普法工作模式，彻底走出传统普法工作的老路，从而打造"互联网＋"领域的社会主义法治宣传阵地，弘扬社会主义法治精神，为加强党对"互联网＋"时代法治宣传教育工作的领导提供重要平台和工具。

当前法治宣传教育与新技术、新媒体存在以接轨不畅、融合乏力、"风声大雨点小"为代表的诸多问题，究其根本原因在于缺乏科学全面的指导思想和理念，新媒体和新技术未能真正发挥出其应有的效能、未能与法治宣传教育高度融合、未能全功率地提升其实效。鉴于此，旗帜鲜明地提出"总体法治宣传教育观"，用以指导法治宣传教育与新技术、新媒体全面融合，将极大地推进法治宣传教育思想观念、表现形式、传播形式、体制机制的现代化。

思想观念的现代化在强调集约意识、成本意识的同时，树立了新的方便、快捷、简单、实用的法治宣传教育"轻"观念，与传统全面、权威、深入、严肃的法制宣传教育"重"理念有机结合，使法治宣传教育的总体风格更加"小清新""接地气"，不再令人感到厌烦、累赘、呆板，具有吸引力、休闲性和趣味性，使公众从被动接受向主动获取转变。

表现形式的现代化要求根据思想观念的现代化要求，摆脱传统沉重的风格，突破传统法治宣传教育以文字、稿件为主，风格严肃的内容表现形式，逐渐采用动画、漫画、信息图表、微电影、说唱、H5（Html5）动态网页、手机游戏等新方式进行普法宣传，提升法治宣传教育的感染力和影响力，使人民群众在休闲娱乐中潜移默化地学习法律知识，强化法治观念，实现法治宣传教育效果最大化。

传播形式的现代化要求适应信息时代趋势，在目前"网站＋三微一端"的基础上更进一步，构建专门的法治宣传教育"互联网＋"平台、法律专家云服务机制、法治宣传教育监督与舆情监控系统、法治宣传教育中央数据库等科学的法治宣传教育体制机制。一是可以消除部门隔阂，推动建设涵盖全国范围内各法治宣传教育责任主体的，具有数据共享、工作互联、统一发布特征的规模化、集约化的法治宣传教育综合平台；二是真正有效推进网络、移动终端（手机和平板电脑等）、普法对象的无缝对接，提升便利性，降低人民群众获取法治宣传教育服务的成本和门槛；三是为吸纳社会普法力量参与普法平台建设，建立最广泛的社会公众参与机制。

体制机制的现代化要求加强人才队伍、物质投入保障，完善管理和责任制度，并健全社会力量参与法治宣传教育的体制机制。

总之，"总体法治宣传教育观"的现代化将推动新媒体、新技术真正与法治宣传教育相融合，发挥出其应有的效能，从而全面提高法治宣传教育实效和法治宣传教育工作质量，推进法治社会的不断发育成熟，保证全面推进依法治国各项法治工作富有成效地向纵深发展。

（一）"总体法治宣传教育观"现代化旨在实现的目标

1. 加强党对法治宣传教育的领导

党的十八大以来，以习近平同志为总书记的党中央对法治宣传教育工作做出了新的科学部署，进一步明确了法治宣传教育的基本定位、重大任务和重要措施，对法治宣传教育与包括 "互联网 ＋" "大数据" 和 "云计算" 在内的最新信息和传播技术的结合做出了明确要求。

党的十八届三中全会审议通过的《中共中央关于全面深化改革若干重大问题的决定》提出 "健全社会普法教育机制，增强全民法治观念"；党的十八届四中全会《全面推进依法治国的决定》进一步要求 "加强新媒体新技术在普法中的运用，提高普法实效"；"七五" 普法规划对此继续细化："充分运用互联网传播平台，加强新媒体新技术在普法中的运用，推进 '互联网 ＋ 法治宣传' 行动"；习近平总书记做出 "要创新宣传形式，注重宣传实效" 重要指示，为 "总体法治宣传教育观" 现代化提供了根本依据，为政府机关、研究机构和其他相关主体进一步创新新时期、新形势下法治宣传教育工作指明了努力的目标和前进的方向，提供了理论指引和行动指南。

目前法治宣传教育的观念、表现形式、传播形式、体制机制较落后，这既不利于公民随时随地便捷有效地接受普法教育，也不利于深入贯彻习总书记普法重要指示和全面落实 "七五" 普法规划的要求，更不利于党在复杂转型时期加强对法治宣传教育的领导。

为克服上述存在的问题,"总体法治宣传教育观"大力提倡现代化,将以"互联网+""大数据"和"云计算"为代表的最新信息科技发展成果与法治宣传教育深度融合,其最根本的出发点就是深入贯彻习近平总书记重要指示精神,进一步落实十八届三中全会、四中全会对法治宣传教育的顶层设计,推进"互联网+"领域的社会主义法治宣传阵地建设,加强党对"互联网+"时代法治宣传教育工作的领导。"总体法治宣传教育观"的现代化要求从观念上、方式上、形式上、制度上等多个层面的创新入手,强调通过更加及时、准确、有效的法治宣传教育公共服务、信息发布、互动交流平台,不断创新宣传形式、增强宣传实效,提升党领导下的各级法治宣传教育责任主体解读问题、回应关切、引导舆论的能力和水平,为进一步充分运用习近平法治思想武装公民头脑、指导普法实践、推动普法工作,为全面推进依法治国、加快建设社会主义法治国家做出更大的贡献。

2. 切实提升法治宣传教育实效

"总体法治宣传教育观"提倡思想观念、表达方式、传播方式、体制机制四个方面的现代化,要求运用新媒体、新技术抢占传统法治阵地和互联网法治阵地，切实发挥其先进性特征，将法治宣传教育的工作目标与法治宣传教育活动的特点有机结合起来，在宣传法律知识、传播法治理念、引领法治舆论等多个方面产生积极作用，切实提升法治宣传教育工作实效。

首先，"总体法治宣传教育观"强调要以共建意识、集约化建设为转移，将从国家层面到地方层面的各类法治宣传教育服务功能充分整合，这样一来，原先需要通过多个不同部门、系统才能享受到的服务，在一个平台上就能实现了，相较于分散模式具有明显的成本优势。其次，"总体法治宣传教育观"注重"轻量化"发展，提供"小清新""接地气"、寓教于乐的普法内容，并要求为"几何数量级"法治宣传教育队伍建设简单、易用、直观的公共传播平台，既吸引群众、方便群众，也方便普法队伍、减轻普法压力。最后，"总体法治宣传教育观"强调对网络法治战场取得主导权。当今，可以说互联网已经成为法治宣传教育的主战场，互联网法治宣传教育做得好不好，很大程度上决定了法治宣传教育的总体实效。如果忽视新媒体、新技术与法治宣传教育相结合，或者二者融合得不深入、不全面，将不利于法治宣传教育和法治社会建设。而推动新媒体、新技术与传统法治宣传教育的融合发展，积极开拓法治宣传教育的作业领域，把传统法治宣传教育的影响力向网络空间延伸，巩固壮大法治宣传教育阵地，正是"总体法治宣传教育观"的重要目标。

可以预见的是，树立"总体法治宣传教育观"将进一步全面提升法治宣传教育工作的质量，建立最广泛的社会公众参与机制，形成健康、可持续的法治文化生长和发展机制，建立规模化、集约化的法治宣传教育平台，推动全国范围内的法治宣传教育信息共享，从而切实增强法治宣传教育的实效，保证法治社会建设富有成效地向纵深发展。

3. 再次革新法治宣传教育形式

在"互联网＋"大趋势下，法治宣传教育的形式已经发生了第一次"互联网＋"革新，标志是以"网站＋三微一端"（网站、微博、微信、微视、手机 APP）等为载体。但这只是"互联网＋"初级阶段的冰山一角，下一步则是正如"总体法治宣传教育观"所强调的，要根据法治宣传教育的发展规律和本质特征，开发构建具有开放性、易用性、集约性、个性化特征的专门平台，辅以零距离沟通的云服务系统、中央数据库和舆情监控机制，这样才能在"网站＋三微一端"模式的基础上百尺竿头更进一步，真正把新媒体和新技术的威能发挥出来，实现法治宣传教育形式的再次革新。

首先是平台的创新。相较于"网站＋三微一端"模式，"总体法治宣传教育观"更强调服务的标准化、定制性和针对性，提出建设法治宣传教育"互联网＋"平台，旨在以法治宣传教育需求为导向，在标准化和统一的平台上，提供个性化定制服务。并利用大数据技术，在不侵犯公民隐私的基础上，通过高效采集、有效整合、深化应用用户数据，准确定位各类人群的普法需求，自主学习用户习惯，从而自适应地和有针对性地为用户提供其所急需的各类法治宣传教育服务。

其次是法律专家服务的创新。目前大部分企业、社会组织和一部分民众已经不满足于较低层级的普法服务，他们追求的是由律师、学者、法律媒体等组成的高级法律专家团队提供的增值服务。为此，"总体法治宣传教育观"提出通过"云计算"打造法律专家云服务机制，帮助高级法律服务需求的用户与法律专家、学者直接对接，享受丰富而高度专业的法律资讯和知识、便捷的在线法律咨询和法学学历教育咨询服务。

最后是舆情管理的创新。针对"网站 + 三微一端"舆情管理能力薄弱的劣势，"总体法治宣传教育观"提出要建立舆情监控系统，对大规模采集数据进行挖掘、分析，实现对法治相关热点话题追踪和社会网络分析，并形成简报、报告、图表等分析结果，为党政机关及时发现敏感信息、掌握舆情热点、把握舆情趋势、应对舆论危机、以案说法解法提供实时化、自动化、系统化、科学化的信息支持。

（二）"总体法治宣传教育观"现代化要解决的问题

近年来，以互联网和手机为代表的新媒体工具已成为法治宣传的重要载体。当前，各地普法机构都开展了对法治宣传教育与新技术、新媒体接轨的探索，但是仍然存在接轨不畅、融合乏力、"风声大雨点小"等问题并产生了新的挑战，究其原因在于缺乏科学、全面的指导理念，使得新技术、新媒体未能与法治宣传教育高度结合、未能发挥出应有的促进作用，"总体法治宣传教育观"的现代化正是为解决当前产生的以下问题而提出的。

1. "新瓶装旧酒"的问题：法治宣传教育观念落伍，未能充分发挥新技术优势

进入"互联网＋"时代以来，社会舆论传播、公众参与方式发生了极大变化，空前开放、高度透明、全方位监督的媒体和舆论环境促使各类法治宣传教育责任主体都十分重视新技术和新媒体的重要性，但是对于如何与新媒体、新技术相融合，还缺乏到位的认识，相应的适应能力也有待提高；而作为总指导的"七五"普法规划也只是做了原则性要求，欠缺相应的操作性规范。这导致很多法治宣传教育机关不善于运用新媒体、新技术，只是盲目地把过去纸上的法治宣传教育放在了网上，"新瓶装旧酒"，未能实现新媒体、新技术与法治宣传教育的高度融合，也未能发挥出新媒体、新技术应有的促进作用。这反映在一方面是未能尊重新媒体、新技术的独特规律性，对"互联网＋法治宣传"的特点认识不足，不懂得将法治宣传教育工作与党的群众路线通过具有扁平化、多元化、去中心特征的"互联网＋"统一起来，既没有意识到"互联网＋"是民意沟通、舆论疏导的好渠道，也没有意识到及时应对和化解舆情危机的重要性，导致其对于运用新媒体、新技术开展沟通、引导舆情工

作的重要性认识不深。另一方面是不注重研究新的传播规律和表达规律，无法掌握适应时代的正确的宣传和舆论引导方法，对新媒体、新技术运用失当，对涉法舆情应对不善，甚至将自己推至群众舆论的风口浪尖，引发群众信任危机，严重影响政府形象和公信力，对树立法治观念产生了严重的消极影响。

2. "领导忙断腿，百姓不领情"的问题：法治宣传教育工作效率和接受度偏低

随着社会不断发展，人民群众对法律知识和技能的需求也日益增长，而伴随着国家法律制度不断完善，法治宣传教育面临的工作和任务也越来越繁重，在法治宣传教育机关领导和工作人员为了早日建成法治社会日夜艰苦奋斗的同时，却产生了人民群众不领情的现象。例如法律知识在民众中的普及率较低，特别是广大农民、外出务工人员、社会闲散人员，以及留守老人、留守儿童等弱势群体；法治宣传教育工作在开展上流于形式，缺乏针对性，过于粗枝大叶；法治宣传教育机关辛辛苦苦准备的堆积如山的法治宣传教育资料却没有真正起到教育作用，法律读本、宣传册或宣传单无人问津，普法网站、微博、微信公众号无人访问或很少有人访问，甚

至出现沦为"僵尸站点",需要"刷访问量""刷关注度"的情况;各种宣传日、宣传活动实效不高、流于形式,公民对宣传活动中的小礼品的兴趣高于对学习法律知识的兴趣;普法讲座演讲者照本宣科,不顾及群众文化水平有限、法律知识有限的情况,难以激发群众学习法律的积极性;热点事件的法治宣传教育滞后,导致媒体先入为主地进行报道和宣传,出现媒体审判的现象,给司法系统造成压力,更让一些错误的法律观念泛滥。

这种"领导忙断腿,百姓不领情"的现象,究其根本,一是在于法治宣传教育机关熟悉的传统传播形式效率偏低,受制于空间、时间的限制,同时又未能发挥出新媒体、新技术应有的效能,大量的工作只产生了较小的成效,导致法治宣传教育的覆盖面不够广泛、影响力不够深入;二是在于目前传统的法治宣传教育工作注重的是总体的把握,点到为止、缺乏深度,缺乏针对性、定制性,未重视受众的需求并具体问题具体分析,也未重视对热点事件的追踪关注,导致法治宣传教育既不能满足人民群众的特定需要,也不能及时对突发舆情热点进行说法、解法;三是法治宣传教育的内容表现形式偏于严肃、单调、呆板,缺乏趣味性、娱乐性、互动性，使得参与者无法获得休闲感、成就感、荣耀感和快乐感，难以激发人民群众主动积极参与法治宣传教育的热情。

3. "谁执法谁普法"的问题：分散模式导致法治宣传教育的碎片化

"谁执法谁普法"这种分散法治宣传教育的模式，有利于扩大法治宣传教育工作的覆盖范围，形成大普法格局，充分利用各类法治宣传教育资源，强化和明晰各部门的法治宣传教育责任，并提高执法者自身的法律素养，推进依法执法和文明执法。但是也应看到，当前的执法队伍，尤其是一线执法人员普遍面临"人少案多"的难题，工作内容复杂、任务重、难度大。落实"谁执法谁普法"势必要求法官、执法人员等在忙碌的本职工作之余，还得抽出时间撰写法治宣传教育案例、进行法治宣传教育工作，自身也要接受相关法治宣传教育的培训，这显著增加了他们的工作强度和工作压力，也造成了"疲于普法"的困境；而且法治宣传教育与经济效益难以直接挂钩，物质上的激励保障只能依靠各地不同的计划制拨款，自然造成司法、执法队伍的法治宣传教育主观能动性不强、各地差异较大；加上多元法治宣传教育主体素质参差不齐、技术储备薄弱、责任落实不到位、政策组织保障缺位等客观原因，"谁执法谁普法"的动力、效率和质量必然难以控制，法治宣传教育案例材料的生动性、说理性、专业性和全面性也会因此受到一定影响，而且也可能出现因办案立场问题导致的部门间权利义务和利益纷争，导致"一个案例多个说法"，既造成认知上的混乱，又不利于法治宣传教育的标准化和一致性。此外，"谁执法谁普法"的分散法治宣传教育模式也造成了法治宣传教育信息的分散，客观上增加了公民获取信息的难度，增加了信息安全保护的难度，也不符合集约化、规模化和成本效益原则，亟须创新模式，取其精华去其糟粕。

4. 普法队伍对新的信息技术掌握不够、配套机制不到位

一方面是熟练使用新技术进行法治宣传教育的人才比较缺乏，知识结构和能力结构难以胜任新媒体法治宣传教育的新要求。部分法治宣传教育工作人员普遍存在"新技术障碍"的问题，能够使用但不能掌握微博、微信、微视和手机客户端的高级功能，对视频音频、图片处理、PPT 制作的执行能力较差，遑论制作微电影、动漫、H5 网页等进阶技术。许多工作人员不熟悉、不擅长使用符合互联网特征的语言和方式与网友沟通，在一定程度上制约了新媒体法治宣传工作的良好开展。配套机制不够到位。另一方面是在法治宣传教育工作制度、社会力量参与、责任追究、舆情处置工作等一系列机制上不够健全，未能跟上"互联网＋"时代的步伐，民意沟通机制或欠缺或形同虚设，网络评论员、舆情引导员机制没有建立或没有落实。在制度落后、人才匮乏的情况下，法治宣传教育的实效难以得到有效保证。当今的法治宣传教育已经高度复杂化、多元化，演变为在法治实践基础上形成的法学、新闻学、教育学、计算机科学等交叉学科，需要依靠法治宣传实务界、法学界、传媒界、教育界、信息科学界，甚至还包括娱乐界、美术界、影视界的密切合作，需要及时动员社会各方面力量，广泛参与研究，解决在交叉学科中衍生出来的难题，现有一元化、中心化、知识结构单一的普法队伍已经难以胜任新时期的任务。

5. 执法领域以案说法能力不强，执法案例库尚属空白

当前制约执法教学和案例普法效能的一项重要因素就

是：相较于丰富的司法案例库而言，执法案例库匮乏。其中主要的原因在于，一是由于执法主体的多元性，客观上决定了他们不可能像最高人民法院、最高人民检察院那样可以集中发布指导性案例和典型案例；二是基于上文多次提到的原因，基层执法机关疲于总结案例，导致案例的质量不高、数量不足，于是在案例基础上形成的教学案例就更加稀少了。三是我国法学案例教育长期受英美影响，重司法判例而轻执法案例，高校科研机构长期以来不注意执法案例的收集整理工作，授课时翻来覆去只有几个经典案例。四是其根本原因在于各地执法机关和法治宣传教育机关未能积极配合，通过运用"大数据""云计算"等新技术构建统一的、具有数量分析和语义分析等复杂功能的法治宣传教育执法案例库，只停留在简单备案的层次上。有效的案例是实施案例教学的关键所在，典型案例最能反映相关法律关系的内容和形式，对典型案例的理解和分析，有助于学生、民众掌握执法基本的理论原理、法律适用的方法和原则等。当前执法典型案例的缺失，必将导致我国执法教学和以案说法的短板，长远来看不利于加速推动依法治国和依法执政。

（三）"总体法治宣传教育观"现代化要完成的任务

1. 法治宣传教育思想观念的现代化

思想观念是指导实际工作的灵魂，是否有创新的、科学的思想观念决定了法治宣传教育能否创新与发展。

第一，"总体法治宣传教育观"的基本特征为思想观念的现代化提供了科学客观的指引。"总体法治宣传教育观"的基本特征是前者在坚持习近平总书记重要讲话精神的基础上，按照辩证唯物主义和历史唯物主义，仔细归纳总结从"一五"普法规划到"六五"普法规划历次普法规划之间的内在联系，提炼出我国三十年来法治宣传教育发展所自发呈现的规律性：一是突出了全民性，二是强调全面性，三是关注主体性，四是高度重视法治宣传教育与普法工作的统一性，五是强调与时俱进。法治宣传教育思想观念的现代化要围绕以上客观发展规律进行，与"七五"普法规划相适应，追求与信息技术发展和人民群众的普法需求同步发展。

第二，法治宣传教育内容和目标的现代化。从最初的"在全体公民中普及法律常识"转变到如何建设中国特色社会主义法治体系上来，要构建一个法治领域各个环节、各个方面的静态法律规定和动态法律实践相结合的法治要素集合体，要让国家机关、社会组织和公民个人通过法治宣传教育，既了解最基本的法律知识，同时也要对中国特色社会主义法治体系的运行实践有充分的理解和正确的认识，树立正确的法治观，养成良好的法治素养，努力营造有利于建设社会主义法治国家的法治文化氛围。

第三，法治宣传教育风格的现代化。"总体法治宣传教育观"强调树立新的方便、简单、有趣、实用的法治宣传教育"轻"理念，内容取材上更加"接地气"，表现形式上更加"小清新"，与传统全面、权威、深入、严肃的法制宣传教育"重"理念有机结合，以漫画、动画、微电影、手机游戏、H5动态网页等给公民带来愉悦感的"轻"信息统一发布，使法治宣传教育不再令人感到厌烦、累赘、呆板。

第四，法治宣传教育模式的现代化。"总体法治宣传教育观"反对碎片化建设，强调要以成本意识、共建意识、集约化建设为转移，通过新技术、新媒体的应用在后台对接、整合从国家层面到地方层面的各类法治宣传教育服务功能，并将各部门提供的包括文字、图片、语音、视频等在内的材料重组后，通过面向公众的统一、规范、易用的集约化在线公共服务"一站式前端"（front – end）统一发布。

2. 表现形式和传播形式的现代化

一方面，表现形式的现代化要求突破传统法治宣传教育以文字、稿件为主的风格严肃的内容表现形式，逐渐采用动画、漫画、信息图表、微电影、说唱、H5（Ht-ml5）动态网页、手机游戏等新方式进行普法宣传。顺应当前"读图时代""听图时代"，法治宣传教育产品的制作应充分考虑公众的信息接收方式和接收习惯，通过精美图片、趣味视频、手机游戏、虚拟称号与等级等方式，让民众感受到普法的休闲感、娱乐感、成就感、荣誉感，由被动接受转向主动索取，从而提升法治宣传教育的感染力和影响力，使人民群众在休闲娱乐中潜移默化地学习法律知识、提升法治观念，实现法治宣传教育效果最大化。

另一方面，传播形式的现代化要求制作便于公民和社会组织、团体访问的，具有自适应宣传教育和学习功能的"法治宣传教育互联网＋平台"；积极联合包括法学家、律师、法治相关媒体等在内的法律专家，打造

"法律专家云服务机制";建设"法治宣传教育中央数据库",大力推动执法信息系统和法治宣传教育公共数据实现互联开放共享,加快各地各类法治宣传教育信息、数据整合,消除信息孤岛,推动法治宣传教育云端案例库、数据库建设,促进相关数据资源向全社会开放,降低公民获取普法信息的难度和门槛;全面推动"法治宣传教育监督与舆情监控系统"建设,及时准确地掌握社会普法需要,实时评估执法、普法实效,加强政民交流。

(1)法治宣传教育"互联网+"平台

"总体法治宣传教育观"更强调服务的标准化、定制性和针对性,提出将法治宣传教育的服务性与现代传媒的可读性结合起来,通过运用"互联网+"和"大数据"技术,建设"法治宣传教育互联网+平台",为各地未来开发"社区型"综合法治宣传教育大平台提供模板。平台既具有"三微一端"传播速度快、覆盖面广、内容清晰、方便储存等优势,也更强调服务的标准化、定制性和针对性,旨在以法治宣传教育需求为导向,在标准化和统一的平台上,提供个性化定制服务。平台主要功能应包括:一是定制性普法。根据用户需求、习惯和偏好,为用户推送法治宣传教育信息,普法更有针对性，易于获取，更加精准。二是适应性学法。自动适应地、定制化地为不同层次用户提供从通俗法律教育到法学学历教育、司法考试、行业资格考试的"一揽子"学法方案，显著降低用户学习成本。三是法治新闻推送。重点关注法治国家建设现状，及时发布以习近平法治思想为代表的马克思主义法学最新发展成果。四是法治热点专题。对涉及本地区、本部门的重大突发事件、应急事件做出积极回应，邀请相关专家和领导解读法律，阐明政策，解疑释惑。政民沟通、理顺情绪，有助于提升政府公信力、维护地方和谐稳定、化解重大矛盾。此外，平台应具备评论、反馈等互动功能，能够在不侵犯公民隐私的基础上，通过高效采集、有效整合、深化应用用户数据，准确定位各类人群的普法需求，自主学习用户习惯，从而自适应地和有针对性地为用户提供其所急需的各类法治宣传教育服务。

（2）法律专家云服务机制

目前大部分企业、社会组织和一部分民众已经不满足于较低层级的普法服务，他们追求的是由律师、学者、法律媒体等组成的高级法律专家团队提供的增值服务。例如"律师"这个关键词在百度上2015年有8300万次检索，并且用户愿意为此付出一定程度的费用。有鉴于此，为有效调动社会精英力量参与法治宣传教育事业，"总体法治宣传教育观" 提出通过 "云计算" 打造法律专家云服务机制，帮助有高级法律服务需求的用户与法律专家、学者直接对接，享受丰富而高度专业的法律资讯和知识、便捷的在线法律咨询和法学学历教育咨询服务。一是学者云服务：帮助用户与学者直接沟通从而解决复杂的法律问题或者咨询包括升学、考证在内的法学教育问题。二是律师云服务：帮助用户及时找到律师，也为律师与律师事务所提供卓有成效的 "互联网 +" 整合营销解决方案。三是法治媒体云服务：帮助普通用户便捷、及时、有效地通过媒体曝光违法犯罪行为，宣传自身法治建设的成就等。

（3）法治宣传教育监督与舆情监控系统

随着网络的普及与信息化的高速发展，网络舆情以 "舆论多元" 为最大特点，网络舆情的信息丰度呈现 "爆炸" 的态势，尤其是突发事件和社会流行事件，常常会立即引发各种不同立场和利益背景的社会集团、政治势力的共同关注，对法治宣传教育工作提出了更高的要求。在这种情况下，通过人工去甄别每个意见的具体情况并加以分类统计是不现实的，只有采用"大数据"自动地对网络舆情语料进行分析整理，才能够建立起全面、有效、快速的舆情监控预警机制。而当前微博、微信公众号由于其底层数据为运营商所掌握，所以法治宣传教育机构利用大数据进行分析便无从谈起，基本不具备高效的舆情管理能力和普法监督功能。为弥补这一短板，"总体法治宣传教育观"提出要建立法治宣传教育监督与舆情监控系统，对大规模采集数据进行挖掘、分析，实现对执法相关热点话题追踪和社会网络分析，并形成简报、报告、图表等分析结果，为党政机关及时发现敏感信息、掌握舆情热点、把握舆情趋势、应对舆论危机、引导意见领袖提供实时化、自动化、系统化、科学化的信息支持。主要包括舆情监控、舆情分析、预警系统三大功能。

（4）法治宣传教育中央数据库

为了完善执法部门的法治宣传教育信息共享机制，建立数据中心，加强互联网便民法治宣传信息数据服务平台建设，"总体法治宣传教育观"提出建设基于"大数据"的"法治宣传教育中央数据库"，收集法治宣传教育的相关数据、案例和其他成果，提供更加优质高效的法治宣传教育"大数据"服务。可包括普法数据库、舆情数据库、案例数据库、法规数据库四个子数据库。

3. 法治宣传教育体制机制的现代化

第一，要重视人才的选用与培养，建立符合"互联网＋"时代特征的人才机制。当前，能够熟练使用新技术、熟悉互联网语境进行法治宣传教育的人才比较缺乏，知识结构和能力结构难以胜任新媒体法治宣传教育的新要求，在一定程度上制约了新媒体法治宣传工作的良好开展。一方面需要建立人才遴选和培养机制，强化培训，激发现有人才队伍潜力，培养同时能够熟练运用媒体平台的综合性人才；另一方面需要建立招录机制，及时吸纳包括计算机、传媒学、社会学、美工等领域熟悉新技术和新媒体的人才，充实法治宣传教育的人才队伍。此外，还应根据新媒体、新时代法治宣传教育随时随地的特征，建立轮岗制度、远程作业制度等。

第二，要加强物资保障机制建设。随着互联网技术的不断发展，法治宣传教育工作需要应对的问题也会层出不穷，所以在资金、技术、设备上的投入要保障到位，在电脑、网络等设备上要保障建设，同时，要重视网络信息安全，保障各项操作不出安全问题。

第三，建立高效的内部管理制度。强化跨部门、跨领域的协力合作，强化对责任领导、责任部门、责任个人的内部考核与管理，重视安全维护，将责任落实到个人，实现法治宣传教育的规范运行。为确保各项管理制度执行到位，还应建立系统的考核奖惩机制。结合上文提到的利用新技术建立的反馈评价机制，强化自查、监督与指导，对表现突出的个人、发挥实效的实例进行奖励，对消极应对的个人、阻碍宣传的实例进行惩处。

第四，建立健全社会力量参与法治宣传教育的机制。鉴于法治宣传教育已经发展为一个具有学科的交叉性与参与的多元性的复杂系统工程，法治宣传教育机关应根据"适当分工，各尽其贤"的原则，健全社会力量参与法治宣传教育的体制机制，一方面通过政府采购以及委托、授权等灵活方式，按照市场化原则让各种社会力量参与进来，做到适当分工；另一方面，使不善于新技术、新媒体的工作人员专注于内容撰写，善于新技术、新媒体的工作人员专注于形式包装和传播，做到各尽其贤。

七　法治宣传教育与普法领导
体制的"统一性"

从"一五"普法规划到"六五"普法规划，为了加强对普法工作的领导，六个五年普法规划都对法治宣传教育与普法领导体制和相关的组织保障措施做了较为全面的规定：从最初的党委宣传部门和司法行政部门主管普法工作，到设置在党委、党委政法委、人大常委会和司法行政部门下的普法依法治理领导机构对法治宣传教育与普法工作进行集中和统一领导、指挥和协调。由于六个五年普法规划对普法工作领导体制只是作了原则性规定，在具体的普法实践中，特别是各地在将普法与依法治理工作结合在一起时，普法依法治理工作的领导机制就显示出不同的特征，但基本的架构还是立足于六个五年普法规划所要求的内容。但不可否认的是，由于迄今为止尚未制定全国范围内统一适用的《法治宣传教育法》，故法治宣传教育与普法工作的领导体制还无法在全国范围内加以统一，目前的普法依法治理领导机构大部分仍然是党政共管或者是党政合一的机构。从"总体法治宣传教育观"的价值要求出发，必须通过强化法治宣传教育与普法领导体制的"统一性"来提升法治宣传教育与普法工作的实际效果。

表2　　　　　　　　六个五年普法规划的"组织领导和保障"比较

普法规划	组织领导和保障
"一五"	组织领导：必须在各级党委和政府的统一领导下，由党委宣传部门和司法行政部门主管，组织公检法、工青妇、文化、教育、新闻、出版、工业、农业、交通、财贸等各部门通力合作。各级党委应将普及法律常识工作纳入议事日程，切实加强领导，并采取得力措施保证其实施。要把法制教育纳入干部政治理论学习、青工系统教育和学校正规教育之中。法制宣传部门人员过少的，请当地党委、政府根据情况适当增加编制，充实必要的骨干力量。普及法律常识所需经费列入地方财政开支，一些必须购置的宣传设备，请各级党委、政府切实予以解决
"二五"	组织领导：在各级党委、人大和政府的统一领导和监督下，由党委宣传部门和司法行政部门主管。全国普法主管机关负责制定全国总体规划并组织实施，协调、指导各地区、各部门、各系统规划的实施；发现培养典型，总结经验，推动总体规划的实施；检查各地区、各部门规划的执行情况；负责对各系统和各省、自治区、直辖市的普法工作进行考核验收。中央和国家机关各部门负责制定本系统干部群众学习专业法律、法规的规划，并在全国普法主管机关的协调、指导下组织实施；编写教材，总结经验，培养典型，对下

普法规划	组织领导和保障
	级业务部门专业法的学习进行督促检查；配合地方普法主管机关管理本系统学习专业法的工作；负责本机关干部的法制宣传教育工作。各地方的普法主管机关根据全国总体规划和本地实际情况，负责制定地方规划并组织实施；协调、指导地方各部门、各系统实施本部门、本系统的中央主管机关制定的普法教育规划；督促检查本地区所辖各部门普法工作的开展，总结经验，培养典型，对本地区的普法教育规划实施情况进行检查验收。为了保证普法工作顺利进行，各级党委、人大和政府应切实加强领导和监督，健全和加强普法领导小组及其办事机构。普及法律知识所需的经费和必需的宣传设备，由各级党委、政府尽可能予以解决
"三五"	保障措施：（一）稳定和加强法制宣传教育队伍。（二）提高法制新闻工作者的素质。（三）培养法制文艺宣传队伍。（四）充分发挥讲师团在干部学法中的重要作用，稳定和发展法制宣传员和宣讲员队伍，并支持和帮助他们开展工作。（五）各地区、各部门要把法制宣传教育纳入工作计划，建立法制宣传教育工作责任制，明确职责，落实到人，做到有部署、有检查，把工作落到实处。（六）各省、自治区、直辖市法制宣传教育主管机关、中央和国家机关各部门，负责对本地区、本部门执行规划和开展依法治理工作的情况进行检查监督和总结验收。（七）法制宣传教育所需的经费，由各级党委、政府予以保证。组织领导：（一）各级党委、人大和政府要切实加强对法制宣传教育工作的领导和监督，健全和加强法制宣传教育领导小组及其办事机构，要把这项工作作为社会主义精神文明建设和民主法制建设的重要组成部分，真正摆在重要议事日程。（二）各级党委宣传部门和政府司法行政

续表

普法规划	组织领导和保障
	部门是法制宣传教育的主管机关，负责制定规划并做好指导、协调、检查、监督等工作。（三）中央和国家机关各部门普法主管机构，要根据本部门、本系统的特点和实际需要，负责制定和实施本部门、本系统的法制宣传教育规划，并具体组织落实。（四）要加强对法制宣传教育工作的研究，使这项工作逐步走向规范化、制度化。（五）各省、自治区、直辖市普法主管机关、中央和国家机关各部门负责编写本地区、本部门的法制宣传教材，报全国普法办公室备案。中央宣传部、司法部负责编写、审定全国统编教材和推荐教材
"四五"	组织领导及保障措施：（一）各级党委、人大、政府要加强对法制宣传教育和依法治理工作的领导和监督，进一步健全领导机构，完善党委领导、政府实施、人大监督、全社会参与的运作机制。要把普法和依法治理工作作为社会主义精神文明建设和民主法制建设的重要组成部分，真正摆上议事日程，列入当地国民经济和社会发展五年规划。（二）各级党委宣传部门、政府司法行政部门负责本规划的具体组织实施。要在各级党委、政府的领导和支持下，进一步健全办事机构，负责制定规划，并做好组织、协调、检查、指导工作。法制宣传教育和依法治理工作所需经费应列入各级政府的财政预算，保证工作的有效运转。（三）中央和国家机关各部门普法主管机构要根据本部门、本单位实际需要，制定规划，组织实施。（四）各地区、各部门、各行业要建立和实行法制宣传教育工作责任制，明确职责，实行目标管理，做到有部署、有检查。各级人大、政协要搞好视察、检查活动，定期审议法制宣传教育规划的落实情况。（五）要建立健全监督与激励机制，调动各地区、各部门、各行业的积极性，推动法制宣传教育工作深入发展

普法规划	组织领导和保障
"五五"	组织领导和保障：（一）进一步完善党委领导、人大监督、政府实施的领导体制。各级党委要切实加强对法制宣传教育工作的领导，党的各级组织和全体党员都要模范遵守宪法，严格按照宪法办事，自觉在宪法和法律范围内活动。（二）建立健全协调配合的法制宣传教育工作机制。各级党委宣传部门、政府司法行政部门负责规划的实施，组织、协调、指导和检查法制宣传教育工作，制定具体实施方案。（三）建立法制宣传教育激励监督机制。要逐步建立评估考核机制，完善评估考核指标体系。（四）落实法制宣传教育经费保障。各级政府要把普法依法治理工作经费列入财政预算，专款专用，根据经济社会发展水平制定地方普法依法治理工作经费保障标准。各部门各单位也要安排法制宣传教育专项经费，保证工作正常开展。（五）培养专兼职相结合的法制宣传教育队伍。（六）加强法制宣传教育阵地建设
"六五"	组织领导和保障：（一）切实加强领导。各级党委和政府要高度重视，把法制宣传教育纳入当地经济社会发展规划，纳入党委和政府目标管理。进一步完善党委领导、人大监督、政府实施的领导体制，建立健全各级普法依法治理领导小组，领导小组办公室日常工作由政府司法行政部门承担。（二）健全考核评价体系。建立健全考核评估指标体系，完善考核评估运行机制。（三）落实法制宣传教育经费保障。各级政府要把法制宣传教育经费纳入本级政府财政预算，切实予以保障。各部门各单位要根据实际情况统筹安排相关经费，保证法制宣传教育工作正常开展。（四）抓好队伍建设。培养专兼职相结合的法制宣传教育队伍，提高专职法制宣传教育工作者的政治业务素质和组织指导能力。加强各级普法讲师团、普法志愿者队伍建设，建立健全

普法规划	组织领导和保障
	定期培训和管理制度，提高工作能力和水平。（五）推进阵地建设。完善城市、乡村公共活动场所法制宣传教育设施。利用各类教育基地开展法制宣传教育培训和实践活动。引导广播、电视、报刊等各类媒体办好普法节目、专栏和法制频道，结合法治实践，采取以案说法等形式，深入浅出地开展法制宣传教育。探索利用互联网、手机等新兴媒体开展法制宣传教育，办好普法网站，推动政府网及门户网站加大法制宣传力度。组织编写一批高质量的普法书籍和读物

从比较中我们可以看出：

第一，组织领导是逐步完善的。"一五"普法规划的提法是"在各级党委和政府的统一领导下，由党委宣传部门和司法部门主管"，"二五"普法规划的提法是"在各级党委、人大和政府的统一领导和监督下，由党委宣传部门和司法行政部门主管"，增加了人大的监督，"三五"普法规划沿袭了"二五"普法规划的提法。"四五"普法规划将组织领导进一步明确为"党委领导、政府实施、人大监督、全社会参与的运作机制"。"六五"普法规划提出要在"进一步完善党委领导、人大监督、政府实施的领导体制"的基础上，"建立健全各级普法依法治理领导小组，领导小组办公室日常工作由政府司法行政部门承担"。

第二，经费的保障也是逐步明确完善的。"一五"普法规划只是笼统地说"所需经费列入地方财政开支，一些必须购置的宣传设备，请各级党委、政府切实予以解决"。"二五"普法规划也笼统地表述"普及法律知识所需的经费和必需的宣传设备，由各级党委、政府尽可能予以解决"。"三五"普法规划将"解决"改成了"保证"，即规定"法制宣传教育所需的经费，由各级党委、政府予以保证"。"四五"普法规划的提法是"法制宣传教育和依法治理工作所需经费应列入各级政府的财政预算，保证工作的有效运转"。"五五"普法规划对经费问题提得较具体、较明确，在"组织领导和保障"的（四）中规定："各级政府要把普法依法治理工作经费列入财政预算，专款专用，根据经济社会发展水平制定地方普法依法治理工作经费保障标准。各部门各单位也要安排法制宣传教育专项经费，保证工作正常开展。""六五"普法规划中对于这一问题又有了提升，即在"组织领导和保障"的（三）中规定："各级政府要把法制宣传教育经费纳入本级政府财政预算，切实予以保障。各部门各单位要根据实际情况统筹安排相关经费，保证法制宣传教育工作正常开展。"

第三，从普法工作实际领导体制来看，当前，各地根据各自工作实际，对普法依法治理组织领导办事机构进行了创新调整，设置不一（见表3）。

表3　　各省份法治建设领导机构设置情况一览（2015年4月16日数据）

省份	领导机构	组长	办公室设在单位	办公室主任职务
北京	法治宣传教育领导小组	常委、政法委书记	市司法局	市政府副秘书长
天津	法治天津建设领导小组	市委书记	市司法局	常委、政法委书记
河北	省委法治河北建设领导小组	省委书记	省委办公厅	省委常委
河北	法制宣传教育领导小组	常委、政法委书记	司法厅	司法厅厅长
山西	省委法治建设领导小组	省委书记	政法委	常委、政法委书记
内蒙古	依法治区领导小组	自治区党委书记	司法厅	司法厅厅长

续表

省份	领导机构	组长	办公室设在单位	办公室主任职务
辽宁	全面推进依法治省领导小组	省委书记	政法委	常委、政法委书记
吉林	依法治省领导小组	省委书记	省司法厅	司法厅厅长
黑龙江	省委依法治省工作领导小组	常委、政法委书记	省司法厅	司法厅厅长
上海	依法治市领导小组	市委书记	市司法局	常委、政法委书记
	法治宣传教育联席会议	常委、政法委书记		司法局局长
江苏	省依法治省领导小组	省委书记	省委政法委	常委、政法委书记
浙江	省委建设法治浙江工作领导小组	省委书记	省委办公厅	省委办公厅主任
	普法教育领导小组	省委副书记、省政法委书记	省司法厅	司法厅副厅长
安徽	全面推进依法治省领导小组	省委书记	省司法厅	司法厅厅长

续表

省份	领导机构	组长	办公室设在单位	办公室主任职务
福建	省依法治省领导小组	省委书记	省司法厅	常委、政法委书记
江西	法治江西建设领导小组	省委书记	省司法厅	常委、政法委书记
江西	普法教育工作领导小组	常委、政法委书记	省司法厅	司法厅厅长
山东	全民普法依法治理工作领导小组	省委副书记	省司法厅	司法厅厅长
河南	省普法教育领导小组	常委、政法委书记	省司法厅	司法厅厅长
湖北	法治湖北建设领导小组	省委书记	省委政法委	政法委常务副书记
湖北	省普法依法治理工作领导小组	省长	省司法厅	司法厅厅长
湖南	省委法治湖南建设领导小组	省委书记	省司法厅	常委、政法委书记
广东	省依法治省工作领导小组	省委书记	省人大常委会	人大常委会副主任
广西	依法治桂领导小组	自治区党委副书记、政法委书记	自治区司法厅	司法厅厅长

省份	领导机构	组长	办公室设在单位	办公室主任职务
海南	全面推进依法治省领导小组	待定		
	海南省普法依法治理领导小组	常委、政法委书记	司法厅	司法厅厅长
重庆	依法治市领导小组	市委书记	市委办公厅	普法专项小组，办公室在司法局
四川	依法治省工作领导小组	省委书记	省委办公厅	省委副秘书长
贵州	依法治省工作领导小组	省委书记	拟设省委政研室	拟常委、秘书长
云南	依法治省领导小组	省委书记	政法委	常委、政法委书记
	云南普法办	待定		
西藏	法制宣传教育工作领导小组	常委、政法委书记	区司法厅	司法厅厅长
陕西	省委法治陕西建设领导小组	省委常委、常务副省长	省司法厅	司法厅厅长

省份	领导机构	组长	办公室设在单位	办公室主任职务
甘肃	拟成立全面推进依法治省领导小组	省委书记	拟设政法委	拟常委、政法委书记
宁夏	依法治区协调小组	常委、政法委书记	自治区司法厅	司法厅厅长
青海	依法治省领导小组	省委书记	政法委	常委、政法委书记
新疆	依法治区领导小组	自治区党委书记	自治区司法厅	厅党委书记
兵团	普法依法治理领导小组	兵团党委常委、政法委书记	兵团司法局	司法局党委书记

　　注：资料汇总参考了新疆维吾尔自治区依法治区领导小组办公室专职副主任，中国社会科学院法学研究所法治宣传教育与公法研究中心客座研究员任鸿祺提交给"第四届全国新时期法治宣传教育研讨会"的论文《对加强法治建设组织领导机构设置的一点思考》，在此表示衷心感谢。

　　可见，全国 31 个省份普法依法治理领导机构办事部门主要有四种设置情况：（1）设在人大常委会；（2）设在党委；（3）设在党委政法委；（4）设在司法行政部门（见图 6）。还有个别省市正在调整机构。

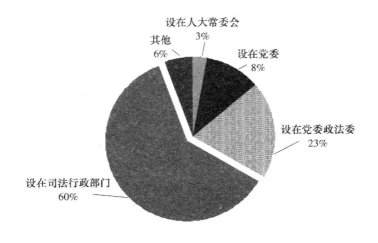

图 6　组织机构设置比例

　　从表 3 和图 6 我们可以看出，各地普法依法治理办事机构名称的改变和设置部门的变动所带来的三个变化：一是普法依法治理办事机构由设在政府行政部门（司法行政机关）向党委领导机关（办公厅、政法委）转移加快，占比已达 30% 以上；二是普法依法治理办事机构由普法依法治理职能向全面推进法治建设职能的转变，如普法依法治理领导小组办公室变更为依法治省或法治建设领导小组，与之相伴随的是职能的调整和增加；三是普法依法办事机构在政府行政部门（司法行政机关）的比例虽有减少，但仍占多数，达 60%，机构改革的观望态势明显。其中，个别省份正在探索新的路径，逐渐将法治宣传与依法治理剥离，司法行政部门仅保留普法职能。

　　总之，从当下总的状况来看，不管全国各地法治建设组织机构如何调整、如何设置，在中央层面与之对应的依然是全国普法办。所谓"上面一根针，下面千条线"的管理格局并没有发生实质性改变。目前这种状况，是否适应我国法治建设实际，是否符合法治宣传教育与普法的一般规律，普法依法治理领导机构和办事部门设置到哪个部门更能有效推进法治建设呢？下面，我们试图通过对人大常委会、党委、党委政法委以及司法行政部门等不同部门的职能进行比较，看看哪个部门更能高效推进法治建设（见表4）。

　　通过表4中机构及其职能对比，我们可以看出，党委是领导机关，对社会各项事业通过"四个善于"进行领导；人大及其常委会是立法机关，具有对法律的实施进行监督的职能；党委政法委是党领导和管理政法机关的职能部门，通常其领导范围为公、检、法、司、安部门，其借助综治委对政法部门之外的各成员单位进行工作上的指导、检查，主要任务是维护社会治安；司法行政机关是主管司法行政事务的政府部门，具有法制宣传教育这一法定职能。

表4　　　　　党委、人大常委会等不同部门的定位、职能比较

类别 部门	定位	涉及法治建设的法定职能
党委	中国共产党的地方各级委员会在代表大会闭会期间，执行上级党组织的指示和同级党代表大会的决议，领导本地方的工作，定期向上级党的委员会报告工作	是本地方（单位）各项事业（工作）的领导者。具有宣传和执行党的路线、方针、政策，宣传和执行党中央、上级组织和本组织的决议，充分发挥党员的先锋模范作用，团结、组织党内外的干部和群众，努力完成本地（单位）所担负的任务的职能
人大常委会	地方各级人大常委会是本级人民代表大会的常设机关	具有立法权、监督权、选举任免权、重大事项决定权等
党委政法委	是党领导和管理政法工作的职能部门	根据党委的路线、方针、政策和部署，统一政法各部门的思想和行动；协助党委研究制定政法工作的方针、政策，对一定时期内的政法工作做出全局性部署，并督促贯彻落实
综治委	协助党委、政府领导本地社会治安综合治理工作的常设机构，其办公室与政法委合署办公	研究社会治安综合治理的方针政策和需要采取的重大措施，提出建议；掌握各地区、各部门社会治安综合治理工作的进展情况，及时向委员会反映；开展调查研究，推动各地区、各部门落实综合治理的各项措施；等等

部门 ＼ 类别	定位	涉及法治建设的法定职能
司法行政机关	是主管司法行政事务的政府组成部门	拟订全民普及法律常识规划并组织实施，指导各地方、各行业法制宣传、依法治理工作和对外法制宣传

1982 年《中华人民共和国宪法》实施后，全国司法行政部门担负起了开展法制宣传教育、普及法律常识的任务，成立了各级普法办。随着法治建设的不断深入，其工作内容也不断发生变化，由"一五"普法规划单纯地普及法律常识到"三五"普法规划加强依法治理再到"六五"普法规划推进依法治国，应当说是一个与时俱进的过程，取得了实实在在的效果。然而，普法办的职能、定位并未随着法治建设广度和深度的推进而进行相应的调整，并以法律的形式固定下来。面对法治建设这一系统工程，涉及立法、执法、司法、法律服务和法律监督等方方面面的工作，设在政府职能部门——司法行政机关的普法办缺乏法定职能，已很难协调人大常委会、政府、检察院、法院、党委所属部委办或者如公安厅、财政厅等强势部门的法治宣传教育与普法工作。全面推

进法治国家、法治政府、法治社会一体化建设，法治宣传教育仅仅是个基础性的工作，更重要、更关键的还在于科学立法、严格执法、公正司法，只有确立了法治公信力，全社会各项事业在法律框架下和谐运作，才可能实现全民守法，树立法治信仰，建成法治国家。

为解决上述问题，十八届四中全会强调 "党是法治建设的领导者"，提出 "加强和改进党对全面推进依法治国的领导，健全党领导依法治国的制度和工作机制，完善保证党确定依法治国方针政策和决策的工作机制和程序。加强对全面推进依法治国统一领导、统一部署、统筹协调"，这为我们加强法治建设组织机构指明了方向、明确了要求。各地逐渐形成一种认识：法治建设事关全局，涉及全面，应当调整普法依法治理领导机构和办事部门设置，最大限度体现党的领导，更好地组织、指导、监督、检查本地区各部门的法治建设工作，统筹立法、执法、司法、普法、法律服务和法律监督工作协调发展，使其互为促进，相得益彰。

当前，依据 "总体法治宣传教育观" 的要求，从保证法治宣传教育与普法工作的效率出发，通过设立具有权威的普法依法治理领导机构和办事机构来提升法治宣传教育与普法工作的组织力度和实际效果，首先要从顶层设计开始。在中央层面，应当设立与中央深改小组并行的"全面推进依法治国领导小组"，以此来解决依法治国和普法工作中的重大问题，特别是要统一中央层面的党政机构的依法治理工作，解决中央层面法治工作分散管理、分兵把守和法出多门、各自为政的问题。在地方，尤其是县级以上行政区域，可以把普法依法治理领导机构设在党委政法委下面，普法依法治理办事机构设在司法行政部门下面，要在制度上保证普法依法治理领导机构的各项决策和决定能够在实际中得到有效地贯彻落实。在乡镇、街道一级，要加强司法所在普法工作中的组织功能，并建立以司法所为主导的"法律六进""法律八进"工作网络，要让普法工作的重心进一步下移，使得普法依法治理领导机构的各项要求都能够在实际中得到全面和有效的落实。

八　法治宣传教育与普法运行机制的"高效性"

总结过去三十多年普法工作的经验和教训，最大的问题就是法治宣传和普法手段落后，普法工作机制运行不畅，普法集约化程度低，普法工作效率不高。要解决这个问题，关键是要引进现代的信息传播技术，在深刻领会"总体法治宣传教育观"精神的基础上，运用"云平台"系统，最大限度地提升法治宣传教育与普法运行机制的"效率"，实现普法规模最大限度的"集约化""体系化"，实现法治宣传教育与普法工作理念的新突破。

（一）云平台是一种高效率的信息处理系统

云平台作为一种新的业务模式，指的是基于硬件的服务，提供的是计算、网络和存储能力。云平台通常建立在虚拟化技术基础之上，同时还具有提供服务方式、按需使用及计费、动态扩展、多用户租用、用户自服务管理等不同特点。云平台可以分为以数据存储为主的存储型云平台、以数据处理为主的计算型云平台以及计算和数据存储处理兼顾的综合云计算平台三类。

云平台主要具备三大特征。一是硬件管理对使用者/购买者高度抽象。用户根本不知道数据是由位于何处的哪几台机器处理的，也不知道是怎样处理的。只是在需要某种应用时，由他向"云"发出指示，瞬间工夫结果就呈现在其屏幕上。云计算分布式的资源对用户隐藏了实现细节，并最终以整体的形式呈现给用户。二是使用者/购买者对基础设施的投入被转换为运营成本。有了云计算，企业和机构可不再需要规划属于自己的数据中心，也不需要将精力耗费在与自己主营业务无关的 IT 管理上。他们只需要向"云"发出指示，就可以得到不同程度、不同类型的信息服务。节省下来的时间、精力、金钱，就都可以投入企业的运营中。对于个人用户而言，也可不再需要投入大量费用购买软件，云中的服务已经提供了他所需要的各项功能。三是基础设施功能具备高度的增减弹性。可以根据用户需要进行相应的动态扩展和配置。

在云计算的生态系统中，有三个核心角色，即使用者、提供者和建设者。使用者是指各种云计算服务的最终使用者，包括个人消费者和政府、教育机构企业客户；提供者是指各种云计算服务的提供商，包括 SaaS（软件即服务）、PaaS（平台即服务）和 IaaS（基础设施即服务）三类提供商；建设者是指为提供商提供各种基础资源、解决方案和服务的供应商（见图 7）。

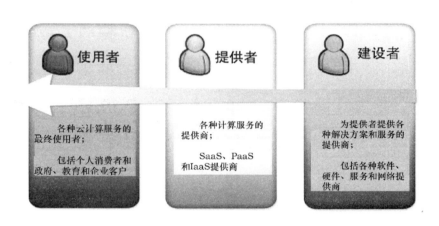

图 7　云计算生态系统中的三个核心角色

对于提供者而言，云计算可以有三种部署模式，即"公共云""私有云"和"混合云"。

公共云，是指为外部客户提供服务的"云"，它所有的服务均供别人使用，而不是自己用。对于使用者而言，公共云的最大优点是，其所应用的程序、服务及相关数据都存放在公共云的提供者处，自己无须作相应的投资和建设。目前这方面最大的问题是，由于数据并非存储在自己的数据中心，其安全性存在一定风险。同时，公共云的可用性不受使用者控制，这方面也存在一定的不确定性。

私有云，是指企业自己使用的"云"，它所有的服务都不供别人使用，而仅供自己内部人员或分支机构使用。私有云的部署比较适合于有众多分支机构的大型企业或政府部门。随着这类大型企业数据中心的集中化，私有云将会成为其部署 IT 系统的主流模式。相对于公共云，私有云部署在企业自身内部，因此其数据安全性、系统可用性都可由自己控制。但其缺点是投资较大，尤其是一次性的建设投资较大。

混合云，是指供自己和客户共同使用的"云"，它所提供的服务既可供别人使用，也可供自己使用。比较而言，混合云的部署方式对提供者的要求较高。

这里我们主要讲的是基于公共云的搭建和运用。把公共云应用到法治宣传教育领域，在"云"环境下利用资源云平台，构建个性化的学法环境，以促进普法者和学法者之间的交流，促进学法者个性化学习和自主学习。各级普法办及其工作人员可以利用云计算支持的教育云平台，构建个性化学法用法的信息化环境，促进学法者群体智慧发展。这就是我们所要重点探讨的法治宣传教育云平台。

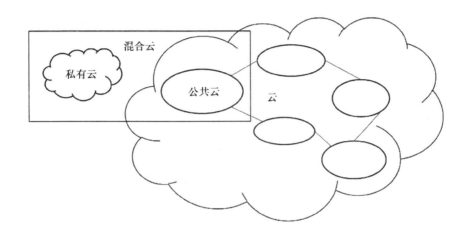

图8　云计算的三种部署模式

（二）法治宣传教育云平台建设的时代背景

20世纪90年代，随着信息高速公路的出现，信息化的概念也应运而生。进入21世纪以后，信息化程度更成为衡量一个国家现代化程度的重要标志。目前，许多领域已经开始利用互联网信息资源共享，建设国家级的云平台。比如，早在2002年，文化部就联合财政部发文，开始启动全国文化信息资源共享工程建设。经过十多年的积累和建设，目前全国文化共享工程已经覆盖大部分县区和乡镇街道，取得了显著成绩。2012 年 12 月 28 日，教育部也在北京举行了"国家教育资源公共服务平台"开通仪式①，国家教育资源公共服务平台正式开通上线试运行，教育部以此全面推进数字教育资源共建共享。2015 年 5 月 20 日，农业部办公厅印发了《国家农业科技服务云平台建设工作方案（试行）》，着力搭建中央与地方、专家与农技员、农技员与农民、农民与产业间高效便捷的信息化桥梁，全面提升农业科教服务"三农"的信息化水平和效能，形成了"互联网＋农业科技"发展新格局。

云计算在法治宣传教育行业中的应用也适逢其时。2016 年 3 月 25 日，在中共中央、国务院转发的《中央宣传部、司法部关于在公民中开展法治宣传教育的第七个五年规划（2016—2020 年）》的工作措施中，就明确提出："推进法治宣传教育工作创新。加强普法网站和普法网络集群建设，建设法治宣传教育云平台，实现法治

---

① 《"国家教育资源公共服务平台"开通仪式在京举行》，《中国青年报》2013 年 1 月 4 日，参见 http://www.jyb.cn/china/gnxw/201301/t20130104_523440.html，2016 年 11 月 20 日最新访问。

宣传教育公共数据资源开放和共享。"这也是我们建设法治宣传教育云平台的政策依据。

要建立法治宣传教育云平台服务模式，充分整合现有资源，采用云计算技术，形成资源配置与服务的集约化发展途径，构建稳定可靠、低成本的国家法治宣传教育云平台云服务模式。面向全国各级各类机关单位、普法机构和全体公民，提供公共存储、计算、共享带宽、安全认证及各种支撑工具等通用基础服务，支撑优质法治宣传教育资源全国共享和法治宣传教育管理信息化。在提高学法实效的同时，降低法治宣传教育所需的硬件成本，从而整体提高网络时代法治宣传教育的共享性和实效性。因此，适应网络时代发展需要，建设全国性的法治宣传教育云平台，具有十分重要的现实意义。

（三）法治宣传教育云平台的建设原则

"七五"普法规划实施期间，加强法治宣传教育云平台建设应当着力坚持以下几个方面的"原则"。

（1）全局性原则

法治宣传教育云平台以应用为导向，以共享为核心，以协同为要旨。建设国家法治宣传教育云平台，应由全国普法办公室作顶层设计；建设地方法治宣传教育云平台，应由省、市、县三级法建办或普法办作顶层设计。在有效整合立法、执法、司法和普法等各体系法治宣传资源的基础上，吸引多方力量参与法治宣传教育云平台建设工作。

（2）先进性原则

法治宣传教育云平台的建设可采用业界主流的云计算理念，广泛采用虚拟化、分布式存储、分布式计算等先进技术与应用模式，并与法治宣传工作的具体业务相结合，确保先进技术与模式应用的有效与适用。

（3）标准性原则

统筹整合各类学法用法资源，规范云平台普法资源采集系统与交换标准，建立从普法机构信息管理、普法资讯发布、学法内容整理制作和上传、题库采集到普法考试考核等全流程的标准化管理，实现信息资源共建共享、业务工作协同创新。

（4）实效性原则

充分利用移动互联等现代信息传播手段，完善全国法治宣传教育大数据系统化、结构化设计，构建云平台业务系统，增强全国法治宣传教育云平台的实用性、针对性和有效性，实现法治宣传教育中央、省、市、县（区）、乡镇（街道）全覆盖，为广大用户提供快速便捷、针对性强的普法服务。

（5）共享性原则

紧紧围绕全国法治宣传教育信息化的特点和需求，统一平台，实行平台上移、服务下延，建立多元协同、资源共享、分工明确、权责清晰的云平台建设管理机制，实现云平台各系统间和每个系统内各功能板块间的互联互通，搭建"精准、及时、全程顾问式"的综合服务平台。

（6）可靠性原则

法治宣传教育云平台需提供可靠的计算、存储、网络等资源。系统需要在硬件、网络、软件等方面考虑适当冗余，避免单点故障，保证云平台的可靠运行。

（7）安全性原则

法治宣传教育云平台根据业务需求与多个网络分别连接，有效防范网络入侵攻击、病毒感染。同时，云平台资源共享给不同的系统使用，必须保证它们之间不会发生数据泄露。因此，云平台需在各个层面进行完善的安全防护，确保信息的安全性和私密性。

（8）可扩展性原则

法治宣传教育云平台的计算、存储、网络等基础资源需根据业务应用工作负荷的需求进行伸缩。在系统进行容量扩展时，只需增加相应数量的硬件设备，并在其上部署、配置相应的资源调度管理软件和业务应用软件，即可实现系统扩展。

（四）法治宣传教育云平台的建设策略

1. 平台的总体设想

全国法治宣传教育云平台包括 1 个大数据平台、6 个专业子云和 12 个核心业务应用平台。各平台可以根据工作需要，不断充实完善。

（1）1 个大数据平台。即全国法治宣传教育大数据平台。

（2）6 个专业子云。即综合管理子云、学法考试子云、用法（在线法律服务）子云、法治创建子云、法治文化子云和法治宣传资源子云 6 个子云。

（3）12 个核心业务应用平台。即全国（省、市、县）法治宣传教育机构信息管理平台、国家工作人员学法考试平台和用法（公共法律服务）平台、青少年法治宣传教育平台、企业法治宣传教育平台、农村社区法治宣传教育平台、多层次多领域依法治理平台、法治文化建设平台、党内法规宣传学习平台、涉外法治宣传教育平台、公益法治媒体管理平台、新媒体法治宣传管理平台、普法志愿者管理运营平台12个核心业务应用平台。

就上述法治宣传教育云平台、子云和业务应用系统建设而言，大致可以分为两类，即平台硬建设和资源软建设。

从平台硬建设方面来看，可根据学法的服务范围、用户规模、服务形式及网络基础设施建设现状，确定云平台的基本形式，对于敏感度和保密性要求较高的内容，可采用建立私有云的形式，而对于通用学法用法资源建设则可依托公有云平台建设，或者在两种情况都存在的情况下采用混合云形式构建。对于最为核心的云平台管理软件，目前大多采用直接购买的方式，国内如曙光、浪潮、超云等公司都提供云平台操作系统及其配套软硬件产品，也可以在现有虚拟化资源管理软件的基础上通过二次开发和功能改造，自行开发出符合具体应用需求的云平台操作系统。

从资源软建设方面来看，主要是依托各地法治宣传教育部门、部分政法院校、专业普法网站和互联网企业进行软件和普法资源建设。应当围绕普法工作需求，分项建立法律法规资源库、试题库、课件库、案例库、文献资料库、常见问题解答库、资源目录索引库和网络普法课程等，并依托课程学习系统、普法志愿者备课系统、在线考试系统、普法管理系统、公共服务系统等构建一个系统、完备、功能丰富的软件资源平台。软件和资源建设采用集中存储管理的模式，以瘦客户端（B/S 模式）的形式对外提供访问，从而能够最大限度地实现服务资源的整合与统一管理。

2. 平台构建策略

法治宣传教育云平台采用集中管理、分布式服务的云计算部署运行模式，分为 4 个层级，即硬件资源层、云管理层、在线学法用法服务层和用户终端层。

（1）硬件资源层

云计算硬件资源层由各物理服务器节点、存储交换机、磁盘存储阵列组成。通过应用虚拟化技术，将计算、存储等资源整合为一个统一的资源池，对于上层各种普法资源应用服务系统而言，并不了解底层使用的是哪个物理节点或哪个存储设备的资源，而是运行在由云管理系统所分配的虚拟机上，从而保证了应用层与物理资源之间的松耦合关系。

（2）云管理层

云管理层通过应用主流的虚拟化技术，如 VMware、Xen 或 KVM 等，实现对外 IaaS 服务。一方面，云管理层负责对底层物理节点、存储设备加入或退出的管理，监控节点的运行状态和资源使用情况；另一方面，负责对虚拟机模板、虚拟机创建、分配、运行、删除以及迁移工作的管理；除此之外，还具有平台用户管理、系统维护、安全管理等方面的功能。

（3）在线学法用法服务层

在线学法用法服务层能实现对各种 B/S 架构网络教育应用服务如网络学法课程系统、电子文献系统、网上答疑系统、视频点播系统、即时交互服务等的部署，以实现 SaaS 层服务；此外，还可提供服务运行环境、公共API、数据库服务等支持二次开发的 PaaS 层服务。云管理系统会实时对服务运行状况以及访问负载进行监控，并通过适当的策略配置改善服务性能，满足更大规模的用户访问需求，从而在不中断服务的前提下，保证应用层的良好运行效率。

（4）用户终端层

终端层可实现在任何位置、任何时间通过网络接入网络教育资源云平台，即可实现统一平台上的学习和交流活动。

3. 平台技术架构设计

平台总体技术整个架构从下往上包括云计算基础设施层、云计算平台资源层、云计算业务数据层、云计算管理层和云计算服务层（见图9）。

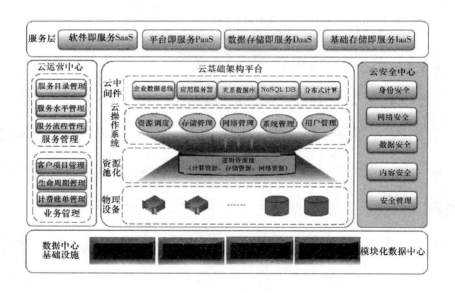

图9　支撑平台技术架构

云计算中心部署主要包括计算资源池的构建、业务数据的分区规划、共享存储的设计等（见图10）。

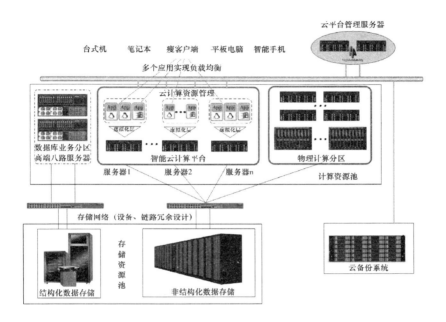

图10　云计算中心部署架构

4. 平台网络拓扑设计

支撑平台建设的设计理念，主要基于以物理分区为基本单元。整个云计算中心可分为：核心交换区、管理区、DMZ 区、业务应用区以及云存储区（见图11）。

上述是对法治宣传教育云平台的建设策略、架构设计和拓扑设计的大致介绍，各地在实际建设中也可以根据各自需要和财力状况，因地制宜地建设维护。

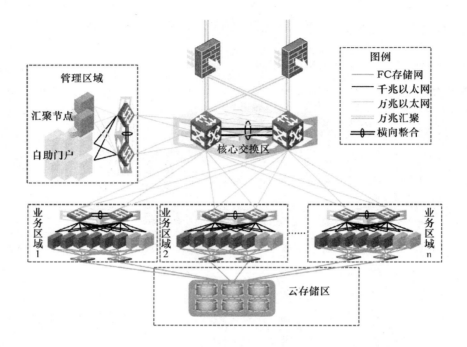

图 11 云计算中心拓扑架构

（五）法治宣传教育云平台建设的实践探索

近年来，各地在利用互联网平台开展法治宣传教育方面，涌现了不少大大小小的普法平台。由于各地建设投入参差不齐、资源占有各不相同，导致平台功能也差异很大。为了更好地说明法治宣传教育云平台建设的途径和思路，我们以目前市场占有率超过50%的全国普法办《无纸化学法用法及考试系统》网络版平台（简称"法宣在线"）的建设发展为例，力求从中找寻规律，以资借鉴。

1. "法宣在线" 法治宣传教育平台的由来

为积极探索利用网络信息手段开展普法工作，2003年12月，全国普法办有关领导批准由全国人大常委会下属中国民主法制出版社研发出版《领导干部学法用法软件》。该学法平台于2004年6月正式出版，全国29个司法厅局发文组织实施，先后有6000多家机关、企事业单位安装使用，在线学法学员有100多万人。此后，中国民主法制出版社又先后与国家电监会政策法规部、国务院国资委研究中心、原新闻出版总署政策法规司、原国家广播电视总局法规司和中国残联维权部等部委合作研发出版了《全国电力系统学法用法实用软件》《企业经营管理人员学法用法实用软件》《全国新闻出版系统学法用法实用软件》《全国广播影视系统学法用法实用软件》和《全国残联系统学法用法实用软件》，积累了一定的人才和技术优势。

2009年9月，中组部、中宣部、司法部、全国普法办在北京召开了全国领导干部学法用法工作经验交流电视电话会议。为进一步加强利用互联网开展普法创新工作，全国普法办有关领导再次批复，要求由中国民主法制出版社在原《领导干部学法用法实用软件》的基础上，研发实现"数据贯通（中央、省、市、县、用户单位五级数据在线上报）和在线考试"等功能。后该学法考试平台名称确定为《无纸化学法用法及考试系统》，经过两年多的研发测试，于2011年12月在湖南湘潭试点成功。2012年7月至今，先后有山西、湖北、湖南、广东、陕西、河南、广西、贵州、云南、山东、江苏、青海、内蒙古、新疆等十几个省（自治区、直辖市）的组织、宣传、司法、人社、国资等部门联合发文，要求在本省（自治区、直辖市）的省、市、县、乡四级国家机关企事业单位广泛实施。其间，该系统的实施也得到了司法部的大力支持。从2012年开始，全国普法办先后多次安排在全国法制宣传处长工作会议上进行演示推广。2013年3月29日，全国普法办委托在北京组织召开《无纸化学法用法及考试系统》的专家论证会，来自全国人大、最高人民法院、清华大学和实施省份的十几位专家和用户代表出席会议，一致通过了专家论证。2014年5月，随着移动互联网和智能手机的广泛运用，中国民主法制出版社又积极研发推出了网络版平台和多种移动端。新平台采用"云计算＋云负载＋移动端"技术，轻松实现"数千万学员注册、数百万学员同时学考"等重要功能。目前，该平台累计在线学员近2000万人。

2. "法宣在线"法治宣传教育平台的功能特色

该平台已具备全国法治宣传教育云平台的雏形。主要表现在以下几个方面。

（1）平台内容设置粗具规模。"法宣在线"现在已建有省、市、县三级普法机构信息管理平台（即后台，省、市、县三级普法办人员及其联系方式、普法规划实施情况，以及随时随地添加本省、市、县最新的教材、题库、试卷、课件和视频讲座等）、国家工作人员在线学法用法平台（"全国、省、市、县、用户单位"五级成绩汇总排名、"全国、省、市、县、用户单位、学员个人"六级学法电子档案、成绩证书自主打印等）、公共法律服务（用法）平台（律师、公证员、基层法律服务工作室、法律援助、司法鉴定等在线咨询、办理）、普法资源库平台（70行业"谁执法谁普法"普法资源会员服务）、法治在线培训平台（法治高端培训、法治微培训和执法资格培训等）、法律法规案例数据库平台等多个应用平台。党内法规宣传学习平台、涉外人员学法用法平台和青少年学法用法平台、企业学法用法平台、农村社区学法用法平台等板块已研发就绪，即将上线。同时，

"法宣在线"还将陆续开通依法治理信息平台、法治文化建设信息平台、公益法治媒体管理平台、新媒体法治宣传管理平台和普法志愿者管理平台，力争在内容设置上满足全国法治宣传教育云平台对各子系统的设置要求。

（2）资源交换交易功能显现。在"法宣在线"设置的"普法资源库"平台上，各级普法办、机关事业单位负责普法工作人员、司法人员、律师、普法志愿者和广大公民可以在注册登录后，上传享有著作权的、符合出版传播要求的普法读本、漫画、动漫和法治微视频、讲座等任何形式的普法资源，建立自己专属的"普法资源库"。会员之间和会员与用户之间可以用来无偿交换或者有偿交易，不断充实完善自己专属的"普法资源库"。这样就相当于发动亿万人民群众的集体智慧，共同创建全国性法治宣传教育云资源平台。

（3）多终端并用，云平台功能初现。"法宣在线"目前已经开通PC电脑端、手机端（安卓、苹果系统均可，同时开通微信学法接口）、平板电脑端等多种终端介质（见图12），现在正在各地尝试开通公共场所普法触摸屏终端和有线电视终端。公民外出或出差途中，可以通过智能手机或平板电脑，利用碎片化时间登录学法或考试。公民在家中可以通过有线电视登录平台学法用法，在公共场所可以通过触摸屏终端设施学法用法。利用云技术同时管理多种终端，实现信息同步更新，方便普法工作者和人民群众随时随地通过各种介质访问总平台，真正实现云平台、云共享。

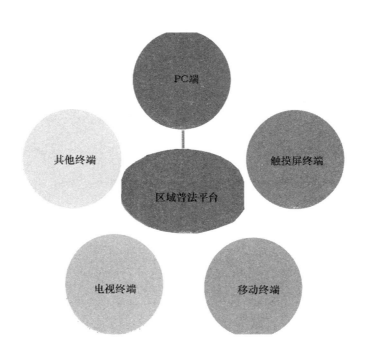

图12　普法终端平台

3. "法宣在线" 法治宣传教育平台的建设启示

当然，中国民主法制出版社现在建设的 "法宣在线" 平台离真正的全国性法治宣传教育云平台还有不小的差距。事实上，要建设一套完善的全国法治宣传教育云平台，不仅需要司法部、全国普法办的顶层设计、指导和组织管理，还需要数千万元甚至上亿元的财力投入，甚至像文化部、财政部 2002 年至今建设的全国文化共享工程一样，需要五年乃至十年以上的漫长建设周期。不过，经过中国民主法制出版社 2003 年至今十多年的探索，在法治宣传教育平台建设方面，已经总结出一定的规律。那就是，各地可以县区或者地市为单位，充分利用"法宣在线"平台现有云后台资源（各地无须投入服务器、宽带建设后台，前台页面花费几千元即可实现，也可委托"法宣在线"统一建设前台页面），只需花费自建费用的 1/10，或者经过双方其他业务合作实现零费用，就可率先建设"地市或县区法治宣传教育平台"，然后通过"法宣在线"后台云资源整合，实现更大范围内法治宣传教育云平台建设，用"县区平台聚合成地市级平台，地市级平台再聚合成省级平台，省级平台再聚合成全国性平台"的做法，实现国家法治宣传教育云平台的建设和运营。

九 法治宣传教育与普法效果的"指标化"

"总体法治宣传教育观"的一项重要特征和创新之处是"指标化"，即按照习近平总书记关于"提升普法实效"的重要指示精神，根据基于历史唯物主义和辩证唯物主义的"总体法治宣传教育观"的基本特征和要求，通过建构科学的量化指标体系对法治宣传教育进行综合评估，为创新法治宣传教育形式、提升法治宣传教育实效提供数据支撑。

（一）"总体法治宣传教育观""指标化"的背景、内涵和意义

1. "总体法治宣传教育观""指标化"提出的背景

1986年迄今的三十余年间，我国已制定实施了七个五年普法规划，有力提高了全体公民的法律素质，增强了全社会的法治意识。但是我们应该看到，在我国法治宣传教育成就斐然的同时，却缺乏一套科学、明了、直接、全面的量化指标体系来概括、检验、展示我国法治宣传教育所取得的丰硕成果，既不利于及时总结问题和

教训，也不利于客观地提炼、推介、宣传各地法治宣传教育实施过程中形成的成功经验、模式与智慧，克服这一短板有助于贯彻落实习近平总书记"要创新宣传形式，注重宣传实效"的重要指示精神，对于推动全社会树立法治意识具有重要促进作用。

2. "总体法治宣传教育观""指标化"的主要内容

为了深入贯彻习近平总书记对法治宣传教育"要创新宣传形式，注重宣传实效"的重要指示精神，根据中共十八届三中全会《中共中央关于全面深化改革若干重大问题的决定》强调的"建立科学的法治建设指标体系和考核标准"这一要求，坚持历史唯物主义与辩证唯物主义，按照中国社会科学院法学研究所副所长莫纪宏研究员在学术界首倡的"总体法治宣传教育观"理论体系，以问题为导向，从中国国情出发，设计、编制中国法治宣传教育量化指标体系，并形成以中国法治宣传教育指数为代表的一系列产品，将更加科学客观地展现我国法治宣传教育和法治社会建设发展成就，从而为加强与完善党对法治宣传教育的领导、健全体制机制、进一步发挥政府的主导作用提供数据支撑和实证性建议，服务于推动全社会树立法治意识、推进法治社会建设。

3. "总体法治宣传教育观" 指数化的意义

（1）有助于进一步推动我国法治宣传教育发展

首先，将为党和国家关于法治宣传教育相关决策提供简明、直观、全面、精确的参考依据。法治宣传教育量化指标体系将以最直观、最简便的形式展现我国法治宣传教育的得失，确保政策制定者、政策实施者无须有相关学术背景，不用阅读具有高度专业性、纷繁复杂的社会报告与论文，只需通过简单的指数比较即可对我国法治宣传教育的实际情况有整体、科学的把握，大大降低其治理难度与成本。其次，便于"谁执法谁普法"的责任制下相关国家机构在现有管理基础上，开展法治宣传教育目标化、数量化模式管理，抓住要害，精确打击，制定各项具有针对性、科学性的指标，推动法治宣传教育的数字化、数量化革命，由此提高工作绩效与水平，促进我国法治宣传教育事业的发展。最后，发挥量化指标体系的评价、引导、约束、反思、预测等功能，能够从整体上和细节上为我国当前法治宣传教育改革发展提供一个相对权威、统一、稳定的目标参数，并据此提供科学、客观的可行性意见建议，找到问题所在，凝聚法治共识，营造一个知法、信法、崇法的社会氛围，全面推进法治社会建设。

（2）有助于正面宣传我国法治宣传教育成果

在新形势下有说服力地宣传我国的法治宣传教育的成就与发展，必须"用数字说话"，势必要求实施量化评估，用客观的数据进行说明。新中国成立以来，尤其是改革开放以来，党和国家高度重视法治建设，依法治国方略稳步推进，法律体系不断完善，依法行政和司法改革不断取得进展，广大人民群众的各项基本权利得到越来越全面的保障。1985年以来，我国已制定实施了六个五年普法规划。三十余年的法治宣传教育，有力提高了全体公民的法律素质，增强了全社会的法治意识。但是，必须正视的是，境内外对我国法治发展和人权保障的质疑、批判的思维定式始终存在。境内外一些人士因对我国法治情况缺乏了解，被一些敌对势力所发布的虚假信息蛊惑，认为我国没有法律、没有司法、没有人权，更谈不上普法。虽然党和国家一直致力于发展法治、保障人权，进行普法，但是质疑、否定的声音一直存在。究其原因，主要是我们对我国自身法治宣传教育建设的总结不够全面、系统、客观，导致法治宣传教育缺乏说服力，没有足够权威的话语权。因此，"总体法治宣传教育观" 的指数化将我国法治宣传教育发展所取得的各项进步用直观、明了的数据、数字表现出来，可以有力地回击境外一些机构对我国的污蔑，改变西方社会长期无视我国法治发展与进步的思维定式，更可以直观地向广大人民群众展示我国法治宣传教育发展的真实情况，表现出我们党全面推进依法治国的决心。

（3）有助于我国在国际上掌握话语权

目前，西方发达国家的一些声称"中立、客观、独立"的机构掌握着我国法治的评估话语权，动辄对我国的内政外交横加指责，无视我国的发展建设成果。例如，在西方发达国家主导的评价体系中，我国不但在世界正义工程（the World Justice Project，简称 WJP）的法治指数中历年位于倒数队列①，而且在该指标体系中"开放的政府"② 这一指标得分也非常低，这明显忽视了我国近年来政府信息公开的努力和三十余年来法治宣传教育的成就。我国政府的信用评价权和社会舆论话语权被一

① 我国在全部参评的 102 个国家中排名第 71 位。
② 次级因子：法律是公开的、可知悉的（3.1）、法律是稳定的（3.2）、请愿权和公众参与（3.3）、经请求能得到官方信息（3.4）。前两个次级因子测量"形式法治"，具体包括法律的明确性、公开性、可接近性和稳定性，这些对于公众了解法律的内容是必需的。

部分境外机构掌握、操纵，这严重威胁国家安全和经济利益，甚至影响党的领导与国家稳定，严重损害我国的国际形象，也妨碍了世界正确认识我国法治事业的发展成果。"总体法治宣传教育观"不但有助于打破境外机构操纵信用评级的格局，也有助于打破少数西方敌对势力妄图以制造不实的所谓"报告、皮书"和别有用心的新闻报道抹杀我国法治客观发展成果的如意算盘，对我国在世界上争取国际舆论和战略性话语权，在信用评估层面保卫国家根本核心利益，具有高度战略意义。

（二）量化指标体系的基本原理、框架、方法

1. 量化指标体系的基本原理

我们在编制法治宣传教育量化指标体系的过程中，必须深入贯彻习近平总书记在《在哲学社会科学工作座谈会上的讲话》中强调的"坚持马克思主义在我国哲学社会科学领域的指导地位"。从唯物辩证法的观点看，法治宣传教育也必然遵循对立统一、质量互变、否定之否定规律。这三大规律要求我们在构建数量指标体系衡量法治宣传教育的实效时，必须以法治宣传教育需求为本，定性研究和定量研究并重，采用动态平衡的指数化模式。

（1）以需求为本位

根据对立统一规律，法治宣传教育不断进步发展的根本原因在于人民群众日益增长的法治宣传教育需求与落后的法治宣传教育公共产品生产之间的矛盾，其中法治宣传教育需求是矛盾关系中具有导向性的一方。对立统一规律要求我们在构建数量指标体系衡量法治宣传教育时必须注意以需求为本位，以实现供给满足需求的平衡作为肯定性评价的标准，为推进法治宣传教育供给侧改革提供数据支撑。

（2）定性定量并重

根据质量互变规律，法治宣传教育是具有阶段性和进程性的概念，包括量变和质变两个基本阶段，即"总体法治宣传教育观"所指出的"掌握基本法律知识"和"充分理解和正确认识中国特色社会主义法治体系"。质量互变规律要求我们在构建数量指标体系衡量法治宣传教育时，要注重两点论和重点论相结合，一方面要重视通过定量研究评测社会公众对局部、重点、基础的法律知识的掌握情况，另一方面也要重视通过定性研究评测社会公众对中国特色社会主义法治体系的总体把握和树立法治观念、法治信仰的程度。

（3）动态平衡指数

根据否定之否定规律，法治宣传教育处于不断变化发展中，法治宣传教育不断进步、实效不断提升的同时，又不断被新时代、新方法和更高的要求所否定。否定之否定规律要求我们在构建数量指标体系衡量法治宣传教育时，要逐渐摒弃基于否认永恒变化的形而上学原理、不科学、主观权重过高的计分方法，采用根据唯物辩证法原理的动态平衡计分方法（指标体系中反映静态状况的指标和比率型参数仍需采用百分制），方能符合法治宣传教育不断创新发展的客观规律。

2. 量化指标体系的基本框架

量化指标体系的基本框架是指量化指标体系建立下级指标所应依据和参考的基本分类标准。基本框架的确立必须基于法治宣传教育的根本属性。我们认为，根据唯物辩证法的基本范畴①，法治宣传教育的基本框架包括原因和结果、形式和内容两组一级分类目录（见图13）。在此需要指出的是，不按照另外三对基本范畴建立分类目录的原因在于：法治宣传教育量化指标体系的评测对

---

① 指原因和结果、必然性和偶然性、现实性和可能性、内容和形式、现象和本质。

象是法治宣传教育的现实存在，而不是其理论、实质、可能和未来；揭示和证明法治宣传教育的本质、必然性和现实性并不是法治宣传教育指数的直接目标，在评测过程中无须考量；这些范畴属于在评测形成结果后需要结合其他理论和依据进一步论证的间接目标。另外，需要强调的是，基本框架不等于指标体系，只是为指标体系选择代表性指标提供了一个"篮子"，对此我们将在后文详述。

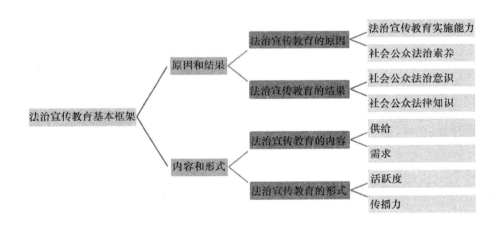

图13　量化指标体系的基本框架

（1）原因和结果

法治宣传教育的"结果"是法治宣传教育在社会中产生的实效，引发和决定法治宣传教育实效的要素就是

"原因"。

　　根据《中共中央关于全面推进依法治国若干重大问题的决定》和"总体法治宣传教育观",法治宣传教育实效的理想目标是:全体公民掌握基本法律知识,对社会主义法治体系有正确全面的认识,树立法治信仰、法治意识,成为社会主义法治的忠实崇尚者、自觉遵守者、坚定捍卫者。法治宣传教育实效按照休谟的事实与价值二元分法,可再细分为知识和信仰,前者衡量公民掌握多少法律知识,后者衡量公众是否树立法治信仰和法治意识。

　　那么法治宣传教育产生实效的"原因"包括哪些呢?我们可以对法治宣传教育从实施到产生实效的基本作业流程进行总结(见图14)。

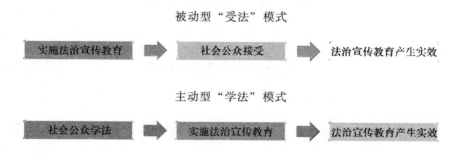

图14　法治宣传教育从实施到产生实效的基本作业流程

通过分析法治宣传教育的基本作业流程，我们可以发现，法治宣传教育的实施、社会公众接受教育和学习法律是使法治宣传教育产生实效的原因，而法治宣传教育的实施能力与公众接受教育和学习法律的意愿、素养（简称"法治素养"）直接制约法治宣传教育的实效。因此，我们认为，法治宣传教育的原因一级分类可以进一步细分为法治宣传教育实施能力和社会公众法治素养两个二级分类。

在此需要指出的是，尽管"总体法治宣传教育观"高度重视法治宣传教育与普法工作的统一性，强调法治宣传教育是所有国家机关、社会组织和公民个人广泛参与的"全民事业"，但目前的事实是国家机关仍然是法治宣传教育实施最核心、最重要的主体。因此，目前仅对国家机关及其授权机构实施法治宣传教育的能力进行评测，其余自发地进行法治宣传教育的社会主体将按评测的发展进程在未来逐渐纳入。

（2）形式和内容

法治宣传教育的内容是指法治宣传教育所包含的内部要素，若按照公共产品理论，法治宣传教育的内容可以理解为其供给和需求关系。法治宣传教育的形式是内容诸要素统一起来的结构和表现方式，即法治宣传教育供需关系所依托的传播形式。

法治宣传教育本质上是反复实践所形成的特殊社会关系，根据"总体法治宣传教育观"理念以及公共产品理论，这种社会关系的内容是供给和需求关系。因此其法治宣传教育的内容可细分为供给和需求两个二级分类。前者反映国家法治宣传教育实施机关生产和供应法治宣传教育公共产品的能力；后者反映全社会对法治宣传教育公共产品的需要程度。正如前文提到的，根据对立统一规律，需求是矛盾关系中具有导向性的一方，因此本量化指标体系强调以需求为本位，需求是变量，供给是因变量，以供给满足需求作为肯定性评价标准。

法治宣传教育形式可进一步细分为活跃度和传播力。理由是：由于法治宣传教育的产品实质上是信息，其供求关系所依存的基本载体是"传播"。我们发现传播的工作模式类似于物理学上的"波"，打个比方，传播就像打鼓，打鼓是敲击频率越高、敲击力量越重，鼓声越响，而传播则是传播频率越高、传播力越强，传播效果就越好。参考物理学上"波"的概念，正如波速等于波长乘以频率那样，决定传播速度的基本因素是传播的活跃度（即其发布信息的数量和频率）和传播力（相当于波长，包括能够反映传播所覆盖人群范围的一系列数据，如阅读数、转载数、点赞数等）。

3. 量化指标体系的基本方法

法治宣传教育量化指标体系的基本方法包括：静态和动态的方法、抽样和普查的方法、线上和线下的方法。根据不同调查方法的组合，法治宣传教育量化指标体系可以形成不同的子体系。由于当前资金、人力的局限，我们建议在评测早期主要关注线上评测，如"互联网＋"法治宣传教育量化指标体系、在线动态舆情监控体系、公众法律知识与法治观念在线调查等。在时机成熟后再将线上评测全面延伸至线下。

（1）静态和动态的方法

这是根据评测的时间安排进行的划分。量化指标体系的静态评测方法是针对某一时间点的法治宣传教育进行评测，该方法适合用于分析、统计和研究该时间点之前法治宣传教育存量。量化指标体系的动态评测方法是针对某一时间段的法治宣传教育进行评测，该方法适合用于分析、统计和研究该时间段的法治宣传教育增量模式和发展趋势，以及追踪舆情热点。

（2）抽样和普查的方法

这是根据评测对象的范围进行的划分。抽样调查是一种非全面调查，它是从全部调查研究对象中抽选一部分单位进行调查，并据以对全部调查研究对象做出估计和推断的一种调查方法，该方法适合评测社会不特定公众的法律知识水平和法治观念、法治信仰。普查是为了某种特定的目的而专门组织的一次性的全面调查，该方法适合评测法治宣传教育实施能力、供给需求关系、传播形式等。

（3）线上和线下的方法

这是根据评测的数据来源进行的划分。线上调查的数据来源是以互联网为主体的虚拟世界，其优势在于调查成本低、数据整合快捷方便；线下调查的数据来自现实世界。

（三）量化指标体系中指标的确定与计算方法
1. 量化指标体系的目标和产品
（1）量化指标体系的目标

法治宣传教育量化指标体系的总体目标是评估法治宣传教育的实效，从而为优化现有法治宣传教育体制机制、开展相关实证分析研究提供数据支撑和对策建议。为实现以上目标，法治宣传教育量化指标体系还需要达到以下阶段性目标。

第一，摸清社会对法治宣传教育的需求，从而推进法治宣传教育供给侧改革，更好地满足法治社会建设的需要。

第二，掌握"互联网＋"时代法治宣传教育通过新媒体传播的效能和规律，为根据"总体法治宣传教育观"进一步提升现有法治宣传教育的现代化水平提供数据支撑。

第三，及时掌握当前涉法突发社会事件舆情，按照影响力将突发事件的"热度"指数化，为检测、分析、汇总突发事件提供数据支撑。

第四，衡量社会公众的法治素养，包括法律知识水平、法治信仰、法治理念等，据此提供具有针对性的对策建议。

（2）量化指标体系的产品

根据总体目标，法治宣传教育量化指标体系将形成以下主要产品：中国法治宣传教育指数（对中国法治宣传教育的实效进行量化评估所形成的指数）。

　　根据阶段性目标，法治宣传教育量化指标体系将形成以下次要产品：中国法治宣传教育供求指数（对当前中国法治宣传教育需求进行评估所形成的指数）、中国法治宣传教育传播指数（对当前中国法治宣传教育传播进行评估所形成的指数）、中国法治舆情热度指数（及时捕捉突发法治事件并对其影响力进行评估所形成的指数）、中国公民法治素养指数（对当前中国社会公众法治素养进行评估所形成的指数）等。

　　需要指出的是，上述指数都可以按照时间和空间的基本向度，根据指数购买者的要求，进一步衍生为区域性指数（如国家指数、省指数、市指数）、时段指数（如年度指数、月度指数等）。

2. 量化指标体系中指标的确定

　　量化指标体系的指标是根据系统性原则、典型性原则、科学性原则从量化指标体系的基本框架分类目录中遴选而形成的。前文提到，量化指标体系的指标不等于基本框架分类目录，原因在于后者若直接转化为指标，将出现部分指标高度重叠、部分指标无法量化的问题，破坏指标体系的系统性和科学性。

（1）选取指标的原则

建构量化指标体系、选取指标需要遵循以下三个原则。

首先是系统性原则。一方面要求各指标之间存在一定逻辑关系，相互独立又彼此联系；另一方面要求具有层次性，自上而下，从宏观到微观，共同构成不可分割的有机评价体系。

其次是典型性原则。确保评价指标尽量简单明了、具有一定的典型代表性，能真实客观反映法治宣传教育的综合特征，不能过多过细，使指标过于烦琐，相互重叠。

最后是科学性原则。指标的选择必须以科学性为原则，选择指标时也要考虑能否进行定量处理，以便于进行数学计算和分析，确保具有很强的现实可操作性和可比性。

（2）指标的选取与确定

根据以上原则，通过分析前文基本框架目录，我们发现以下三个问题。

首先，法治宣传教育实施能力与法治宣传教育的内容和形式高度关联，可以认为法治宣传教育实施能力就是由其实施内容和实施形式所构成的。

其次，社会公众法治素养的内涵与法治宣传教育的实效基本一致。二者的区别仅在于法治素养在时间上处于法治宣传教育实施前，属于存量；而法治宣传教育的实效是法治宣传教育实施后社会公众法治素养的提升，属于增量概念（见图15）。

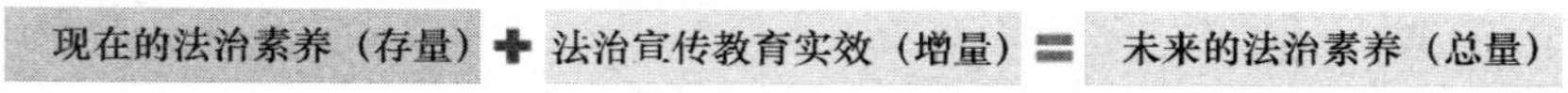

现在的法治素养（存量）＋法治宣传教育实效（增量）＝未来的法治素养（总量）

图15　法治素养量值关系

最后，社会公众对基本法律知识的掌握情况、对社会主义法治体系的了解情况、法律意识程度和法治信仰水平均无法像其他指标那样可以直接引用统计数据。其数量化的路径是先组建专家委员会，设定一个理想参照系（如理想的法治观念水平）并形成基准值（如信仰度、拥护率），用来作为相关指数的基本标准和单位。

（3）中国法治宣传教育指数的指标体系

根据上述原则剔除部分指标后，可以得出中国法治宣传教育指数的指标构成。其中，法治宣传教育实施能力直接来自统计数据，其计算结果属于实数；而社会公众法治素养则是根据理想参照系和基准值计算出的比率（见图16）。

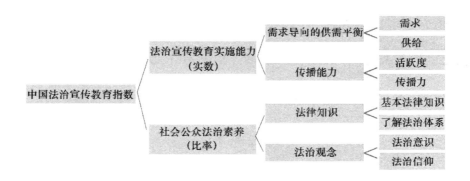

图16 法治宣传教育指数指标体系

3. 一级、二级指标的计算方法

（1）法治宣传教育实效计算方法

根据前文的分析，我们知道法治宣传教育的实效受制于国家机关的法治宣传教育实施能力和社会公众的法治素养，三者的基本辩证关系是：首先，国家机关法治宣传教育实施能力越高、社会公众的法治素养（即学习和接受的能力）越强，那么法治宣传教育的实效就越好；其次，国家机关法治宣传教育实施能力和社会公众法治素养为乘数关系，二者不均衡发展会对法治宣传教育的实效产生消极影响，其中社会公众法治素养决定了国家

机关实施的法治宣传教育有多少会转化为实效，因此社
会公众法治素养也可以视为能够决定国家机关法治宣传
教育的实施产生实效的"转化率"。最后，社会公众法
治素养按时间先后可以分为法治宣传教育实施之前的社
会公众法治素养以及法治宣传教育实施之后的社会公众
法治素养，法治宣传教育实效是二者的差。

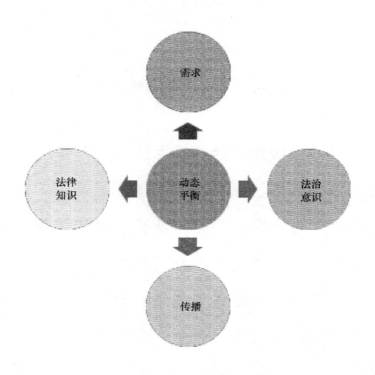

图 17   法治宣传教育实效动态评估体系

根据以上辩证关系，我们可以得到以下计算公式：

设：法治宣传教育实效 = E；

法治宣传教育实施能力 = A（实数）；

社会公众法治素养 = Q（比率）；

则：法治宣传教育实效 = 法治宣传教育实施能力 × 社会公众法治素养，即 $E = A \times Q$。

（2）法治宣传教育实施能力计算

法治宣传教育实施能力受需求导向的供需平衡和传播能力所制约，三者的辩证关系是：首先，供给的法治宣传教育产品对传播能力起决定作用，如供给产品的性质决定传播方式，供给产品的频率决定传播频率，同时传播对供给有重要反作用。其次，需求导向的供需平衡越强、传播能力越强，那么法治宣传教育实施能力就越强。最后，供给能力和传播能力如果不能实现均衡化发展，那么将不利于法治宣传教育实施能力的提升。

根据以上辩证关系，我们可以得到以下计算公式：

设：法治宣传教育实施能力 = A；

需求导向的供需平衡 = P（实数）；

传播能力 = B（比率）；

则：法治宣传教育实施能力 = 需求导向的供需平衡 × 传播能力，即 $A = P \times B$。

（3）社会公众法治素养计算方法

社会公众法治素养包括知识层面的法律知识和价值层面的法治观念。法律知识和法治观念的辩证关系为：首先，一般情况下二者密切联系、相互转化、相互促进，法治观念是灵魂和向导，法律知识是能力和工具，法治观念较强的公民一般也具有较多的法律知识。其次，也存在少数熟知法律知识的公民内心却不真心崇敬法律，或者真心崇敬法律的公民却不怎么掌握法律知识的情况，这种法治观念和法律知识较大程度的离散，是法治社会的不利因素。最后，公民之间法治素养差距较大，高的高、低的低，对法治社会建设也是不利的。

根据法律知识和法治观念的辩证关系特征，我们建议通过二者的几何平均数减去二者的离散度来反映社会公众法治素养。公式如下：

设：社会公众法治素养 = Q；

法律知识 = I；

法治观念 = F；

则：$Q = \sqrt{I \times F} - Stdevp\ (I,\ F)$。

说明：首先，使用几何平均数（即上面公式中的 $\sqrt{I \times F}$）计算的原因在于，法律知识和法治观念分别对应知识和价值，二者属于不同向度，因此不宜使用算术平均数。

其次，公式中要让法律知识水平和法治观念的平均数减去二者的离散度［标准差，即上面公式中的 $1 -$ stdevp (I, f)］的原因在于，法律知识和法治观念的离散度是一项否定性数据，法律知识和法治观念的不均衡发展将不利于法治社会建设。

最后，公民之间法治知识的差距以及法治观念的差距在本公式中不体现，而是在法律知识和法治观念这两个三级指标的计算中体现。

4. 三级指标的说明和计算方法

（1）需求导向的供需平衡

要计算需求导向的供需平衡，首先要明白法治宣传教育的需求是什么。我们认为，法治宣传教育的需求，根据主客观二元，可以分为法治宣传教育的主观需求和客观需求（见图18）。

主观需求反映社会公众和国家主观上认为需要哪些法治宣传教育，又分为社会公众主观需求和国家主观需求。

掌握社会公众的主观需求的方法有三种：一是分析搜索引擎，公众在互联网上检索和寻找法律服务的最主要接口是搜索引擎，通过统计和分析公众搜索哪些法治相关问题和词组，可以反映公民对不同类别法治信息的关注程度。二是问卷调查。三是统计司法行政机关收到的公民提问。三种方法中，样本数量最大、代表性最强的是分析搜索引擎，问卷调查和公民提问样本量相对太小。根据指标体系建设所遵循的典型性原则，我们认为仅分析搜索引擎，便可得知社会公众对法治宣传教育的主观需求。而国家的主观需求实质上是国家对法治宣传教育的官方意图，主要来自国家的普法计划纲要、党和国家与法治相关的重要文件、领导人关于法治的重要论述。

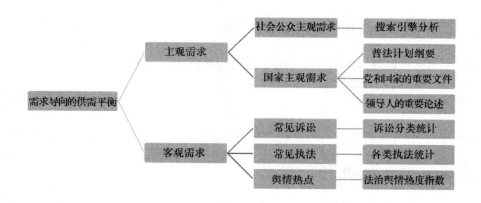

图18　普法供需平衡关系

　　客观需求反映社会公众和国家尽管主观上没有意识到但客观上确实需要的法治宣传教育，主要有三类：首先是常见的与诉讼相关的法律知识需要普及；至于判断哪些诉讼属于常见诉讼，可以通过中国裁判文书网公开的各类诉讼数量进行确定。其次是常见的与执法相关的法律知识需要普及；至于判断哪些执法属于常见执法，可以通过各部委的执法统计进行确定。最后是突发社会事件、舆情热点需要及时说法解法；至于哪些社会突发事件属于舆情热点，可以依据前文提到的中国法治舆情热度指数判断。

　　在明确了法治宣传教育的需求后，便可得出以需求为导向的供给能力的计算公式：

　　　设：需求导向的供需平衡 = P；

　　　　　法治宣传教育的需求 = R；

　　　　　供给能力 = S；

　　　则：供需平衡 = 供给能力/需求，即 P = S/R。

（2）传播能力的计算方法

　　当前，互联网是法治宣传教育的主要传播领域，网站、微信、微博和 APP 客户端构成了互联网上法治宣传教育的主要途径。因此，我们认为，可以通过统计网站、微信、微博和 APP 客户端的活跃度和传播力，计算出法治宣传教育的传播能力（见图 19）。

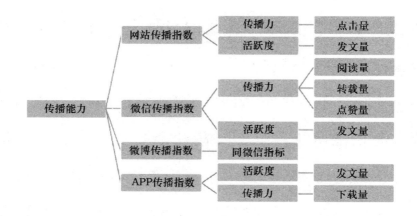

图 19   法治宣传教育传播能力指数

网站、微信、微博和 APP 客户端传播指数的权重、下级指标、计算方式见表 5：

表 5   媒体传播指数权重关系

传播能力		下级指标			计算方式：活跃度×传播力
类别	权重	指标名称		权重	
网站	30%	活跃度	发文量	100%	网站传播能力 = 发文量×平均文章点击量
		传播力	点击量	100%	

微信	30%	活跃度	发文量	100%	微信传播能力＝发文量×（平均阅读量×
		传播力	阅读量	40%	40%＋点赞量×30%＋转载量×30%）
			点赞量	30%	
			转载量	30%	
微博	30%	活跃度	发文量	100%	微博传播能力＝发文量×（平均阅读量×
		传播力	阅读量	40%	40%＋点赞量×30%＋转载量×30%）
			点赞量	30%	
			转载量	30%	
APP	10%	活跃度	发文量	100%	APP传播能力＝发文量×下载量
		传播力	下载量	100%	

（3）法律知识和法治观念的衡量

法律知识和法治观念难以直接从统计数据中计算出，因此需要依靠问卷调查的方式，组织相关专家组成委员会，编写问卷后随机投放。问卷的分数上限为根据专家委员会设定的理想参照系而换算出的基准值，而实际得分与基准值的比率可以用来间接衡量法律知识和法治观念。理想参照系可以按图20设计。

另外，正如前文所论证的，由于现实中公民间法律知识水平和法治观念水平存在较大差异性，这种不均衡的状态构成了法律知识和法治观念的否定性指标，因此也应在计算公式中考量公民间的离散率：

设：法律知识 = I，法律知识离散 = I'；

法治观念 = F，法治观念离散 = F'；

则：I = I' – Stdevp（I'，I），F = F' – Stdevp（F'，F）。

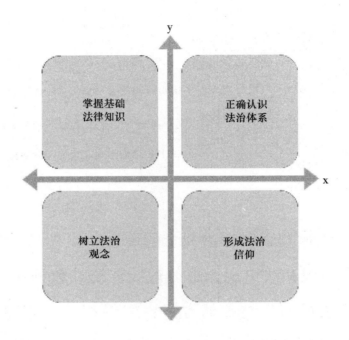

图 20   法治宣传教育实施指标

注：x 轴表示从低到高，y 轴表示从价值到知识。

十 法治宣传教育与普法工作格局的"法治化"

从"一五"普法规划到"六五"普法规划，普法工作从无到有，从简单"普及法律常识"到"法治宣传教育"，从一般公民到领导干部，从"十法一条例"到"中国特色社会主义法律体系"，从普法到普法与依法治理相结合，从口头宣传宣讲到"互联网＋法治宣传教育"，从被动普法到主动学法，从知识普及到法律素质提高，从法制宣传教育理念到"总体法治宣传观"等，普法工作由浅入深、层层推进，经过三十余年的努力，形成了当今组织和领导体制健全、普法工作程序化和制度化、学法用法规范化、法治宣传教育成为全面推进依法治国的重要环节的普法工作新局面。[①] 过去三十余年中，普法工作取得的成

[①] 江西省从"一五"普法规划到"六五"普法规划普法主题的变化可以反映出全国普法工作不断发展变化的若干特点。江西省司法厅副调研员张义和介绍说："'一五'普法是启蒙也是创举，也为今后的普法工作打下了扎实的基础。"江西省从1992年开始，每年都根据全省改革发展稳定需要和新颁布法律出台情况确定年度重点普及法律，如"二五"普法规划强调普及专业法律法规，"三五"普法规划强调增强公民法律意识，"四五"普法规划强调提高公民法律素质，"五五"普法规划强调树立社会主义法治理念、弘扬法治精神、增强公民意识、培育法治文化，"六五"普法规划强调进一步普及宪法和基本法律知识，促进社会主义法治文化建设。截至"六五"普法规划实施，已在全省公民中重点宣传普及了156部法律法规。参见《江西"一五"普法经验获司法部肯定 "法官"考"县官"传为佳话》，《新法制报》2015年12月7日。

绩是主要的，普法已经对改革开放以来国家的政治、经济、文化等方面产生了巨大影响，起到了很好的促进和推动作用。这些成绩值得认真总结，并作为今后工作的参考。三十余年的普法活动提高了全民法治意识和法律素质，推进了法治中国建设，推动了经济社会发展，促进了精神文明创建等，取得了一些成功的经验，包括以制定普法规划为抓手持续推进普法工作、以制度建设为重点形成完善的普法制度体系、突出普法工作重点、丰富普法工作形式等诸多方面。

1. 普法工作的深入开展，提升了政府和公民法律意识，推动了国家法治建设在各个层面的飞速发展

六个五年普法规划实施期间，适应形成中国特色社会主义法律体系的要求，普法和法制宣传教育工作的重点也在不断做出调整，很好地适应了社会主义法制建设不断发展的需要，有效地推动了立法、执法、司法和守法等各项工作的开展。

到 2016 年 10 月底，我国已制定法律 251 部、行政法规 700 多部、地方性法规 8600 多部，国家经济、政治、文化、社会生活的各个方面基本实现了有法可依，基本形成了一个包括宪法及宪法相关法、民法、行政法、经济法、社会法、刑法、诉讼与非诉讼程序法等部门法在内的较为完整的具有中国特色的社会主义法律体系。从我国立法的趋势看，1986 年到 2010 年即从第一个五年普法规划到第五个五年普法规划时期，是我国立法的一个高峰期，每年有十几部甚至三十几部法律被制定。从 2011 年即第六个五年普法规划开始，我国的整体立法势头逐趋平缓，每年制定的法律维持在几部到十部之间（见图 21）。围绕着不断完善的中国特色社会主义法律体系，普法工作也适应了法律体系变化的特点，对重点和重要立法进行跟踪性宣传，从而满足社会公众了解和学习新法的内在需求，同时也配合了国家立法的进程，积极向社会公众宣传国家法律法规的规范要求。

过去的三十余年，普法工作提升了政府和公民的法律意识，推动了一些重要法律制度的改革，体现了法治进步的要求。1988 年现行宪法第 1 次修改时，将"私营经济"写入宪法；1993 年现行宪法第 2 次修改时，将"社会主义市场经济"写入宪法；1999 年现行宪法第 3 次修改时，将"依法治国、建设社会主义法治国家"写进了宪法；2004 年现行宪法第 4 次修改时，又将"国家尊重和保障人权"写入宪法。现行宪法的 4 次修改，社

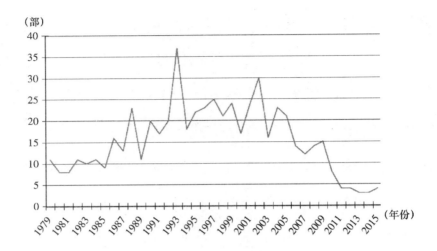

（部）

（年份）

图 21　1979—2015 年全国人大及人大常委会立法数量变化

会公众参与积极性非常高，许多合理的要求都被采纳。尤其是 2007 年《物权法》的制定，从起草到审议通过，前后历经十四年之久，共收到人民群众提出的意见一万多条；先后召开一百多次座谈会和几次论证会，并进行专题调研，充分听取各方面的意见；全国人大常委会对草案进行了七次审议，审议次数之多在我国立法史上是空前的。这说明了广大人民群众对此关系切身利益的基本法律表示了高度的关注，体现了很高的法律素质。特别值得称道的是，在法学界和社会公众的大力呼吁下，2013 年 12 月 28 日，全国人大常委会通过《关于废止有关劳动教养法律规定的决定》，延续了半个多世纪的劳动教养制度正式废止。在执法和司法领域，普法工作的深入开展，有效地推动了执法和司法机关依法执法、依法司法，进一步加大了执法和司法对社会公众的开放度。截至 2015 年 2 月底，全国法院系统共上网公布裁判文书 629.4 万份，其中最高人民法院公布 7993 份。通过上网公布裁判文书，发挥司法裁判的教育、示范、引导、评价功能，大力弘扬社会主义核心价值观。[①] 各类冤假错案得到了认真纠正，仅以 2014 年为例，各级人民法院共新收行政赔偿一审案件 8050 件，审结 7881 件，同比分别增长 8.58% 和 8.55%；新收司法赔偿案件 2831 件，审结 2708 件，同比分别增长 38.1% 和 32.42%（见图 22）。其中，呼格吉勒图案、徐辉案等刑事冤错案件的受害人依法获得赔偿，体现了对人权的尊重和保障。[②]

经过从"一五"普法规划到"六五"普法规划近三十年的普法和法制宣传教育，我国各地各行业已经积累

---

① 周强：《2015 年最高人民法院工作报告》，参见 http://www.chinalaw.org.cn/Column/Column_View.aspx? ColumnID = 726&InfoID = 13900，2016 年 11 月 20 日最新访问。

② 《人民法院工作年度报告（2014）》执法办案篇简版介绍，最高人民法院网站，参见 http://www.court.gov.cn/zixun - xiangqing - 13848.html，2016 年 11 月 20 日最新访问。

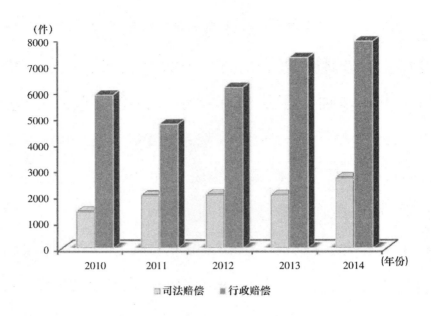

图22   2010—2014年人民法院审结国家赔偿案件情况

了不少值得推广和深化的法治文化建设经验。其中江苏、
浙江等地的法治文化建设工作起步较早、运作较好、成
效较大，走在了全国的前列，积累了宝贵的经验，值得
在全国移植推广。2011年3月，江苏省司法厅提请省委
办公厅、省政府办公厅下发了《关于加强社会主义法治
文化建设的意见》，明确了社会主义法治文化建设的指导
思想、主要目标、基本原则、建设途径和组织保障。为
了全面贯彻党的十七届六中全会精神，全面落实《中共
中央关于深化文化体制改革推动社会主义文化大发展大

繁荣若干重大问题的决定》和江苏省有关会议及文件精神，2012 年 1 月，江苏省司法厅联合省委宣传部、省依法治省领导小组办公室、法制宣传教育协调指导办公室、文化厅、广播电影电视局、新闻出版局出台了《关于大力推进社会主义法治文化建设的实施意见》，明确了到 2015 年实现全省法治文化凝聚引领能力、法治文化惠民服务能力、法治文化创作生产能力显著提升的目标要求，提出了以实施组织保障体系完善、建设能力提升、作品创作繁荣、传播体系优化、法治文化惠民"五大行动"，大力推进社会主义法治文化建设。为了推进法治文化建设工作，2015 年 1 月，浙江省司法厅、浙江省普法办开展了全省首批省级"法治文化建设示范点"评选活动。全省 11 个地级市 33 个"法治文化建设示范点"申报了此次评选活动。经过书面审查、实地抽查、浙江普法微信平台公众投票等环节的考核评审，杭州市江干区钱江新城法治汇、杭州市拱墅区运河法治文化茶馆、奉化市法治文化中心、宁波市江北区宁波市青少年绿色学校法治文化园、温州市龙湾区法治文化公园、湖州市沈家本纪念馆、嘉兴市南湖区南湖红廉馆、绍兴市上虞区青少年法治文化基地等 21 家单位被评为首批省级"法治文化建设示范点"称号。这些被命名单位既高度重视法治文化建设，积极培育、打造各具特色的法治文化宣传平台和阵地，又注重发挥阵地平台作用，经常组织开展群众性法治文化活动，工作成效显著。

总之，三十余年的普法工作成绩是非常显著的，对于国家的改革开放和现代化建设起到了非常重要的推动作用，尤其是通过直接和间接的方式对立法、执法、司法和守法等法制建设的各个方面都起到了潜移默化、稳步推进的作用，形成了很多有益的经验。

2. 以制定普法规划为抓手，保持普法工作的连续性，不断提升普法工作的影响力

从"一五"普法到"六五"普法都出台了相关普法规划，这六个普法规划关于普法工作的各项要求一脉相承，后一个普法规划都是在认真总结前一个普法规划实施经验和教训的基础之上制定的，六个五年普法规划文本凸显了六个五年普法工作的连续性，集中体现了六个五年普法工作的总体思路和基本特征。通过对六个五年规划的内容比较，可以看出以下几个相同或相似的特征。

（1）六个五年规划都列出了普法的"内容"或"要求"、"步骤"、"方法"或"安排"、"组织领导"。从

"一五"普法规划到"四五"普法规划，使用了"步骤"和"方法"，并且是分列表述的。第一，"五五"普法规划和"六五"普法规划使用了统一的"工作步骤和安排"的表述方式。工作步骤采用了三段、三步或按年度的分法。"五五"普法规划和"六五"普法规划统一使用了"宣传发动阶段""组织实施阶段"和"检查验收阶段"这样的三段表述，并且各阶段的安排也基本相同。第二，组织领导是逐步完善的。"一五"普法规划的提法是"在各级党委和政府的统一领导下，由党委宣传部门和司法部门主管"，"二五"普法规划的提法是"在各级党委、人大和政府的统一领导和监督下，由党委宣传部门和司法行政部门主管"，增加了人大的监督，"三五"普法规划沿袭了"二五"普法规划的提法。"四五"普法规划将组织领导进一步明确为："党委领导、政府实施、人大监督、全社会参与的运作机制"。"五五"普法规划和"六五"普法规划都沿袭了这一提法。"六五"普法规划提出要在"进一步完善党委领导、人大监督、政府实施的领导体制"的基础上，建立健全各级普法依法治理领导小组，领导小组办公室日常工作由政府司法行政部门承担。第三，经费的保障也是逐步明确完善的。

"一五"普法规划只是笼统地说"所需经费列入地方财政开支，一些必须购置的宣传设备，请各级党委、政府切实予以解决"。"二五"普法规划也笼统地表述为"普及法律知识所需的经费和必需的宣传设备，由各级党委、政府尽可能予以解决"。"三五"普法规划规定"法制宣传教育所需的经费，由各级党委、政府予以保证"。"四五"普法规划强调"法制宣传教育和依法治理工作所需经费应列入各级政府的财政预算，保证工作的有效运转"。"五五"普法规划对经费问题提得较具体较明确，在"组织领导和保障"的（四）中规定："各级政府要把普法依法治理工作经费列入财政预算，专款专用。"六五"普法规划中对于这一问题又有了提升，规定："各级政府要把法制宣传教育经费纳入本级政府财政预算，切实予以保障。各部门各单位要根据实际情况统筹安排相关经费，保证法制宣传教育工作正常开展。"

（2）除"一五"普法规划没有单列"指导思想"外，从"二五"普法规划到"六五"普法规划都将"指导思想"放在了五年普法规划的首位。普法和法制宣传教育的指导思想逐年明朗和明确化，主要包括邓小平理论、"三个代表"重要思想、科学发展观。

（3）除"四五"普法规划没有单列"对象"外，其余五个规划都列出了"对象"。"对象"和"要求"的表述，开始是分列的，"二五"普法规划中分列为"对象"和"具体要求"。"三五"普法规划中分列为"对象"和"基本要求"。"四五"普法规划中未单列"对象"，将其纳入了"工作要求"当中。"五五"普法规划和"六五"普法规划统一列为"对象和要求"，并分人分点（领导干部、公务员、青少年、企事业单位经营管理人员、农民）予以表述。

（4）从"三五"普法规划开始，列出了"目标、任务"或"主要目标""主要任务"。普法或法制宣传教育的目标是越来越明确的，由于目标是多种多样的，因此其表述也从"总体目标""目标"转变到"主要目标"。"任务"是不断增加的，其表述也从"任务"转变到了"主要任务"。其中"一五"普法规划和"二五"普法规划未单列出任务，"三五"普法规划的主要任务有4个，"四五"普法规划的主要任务也有4个，"五五"普法规划的主要任务有7个，"六五"普法规划的主要任务增加到了10个。可见，普法或法制宣传教育的任务是越来越重的。

（5）普法工作原则对于指导普法工作有提纲挈领的作用。"一五"普法规划到"四五"普法规划没有加以明确，"五五"普法规划和"六五"普法规划增加了"工作原则"，两个规划尽管内容有异，但在分点、标题上完全一样。"五五"普法规划提出了 4 个工作原则，"六五"普法规划在采纳了"五五"普法规划前两个原则"坚持围绕中心，服务大局"和"坚持以人为本，服务群众"的基础上，增加了 3 个原则即"坚持分类指导，注重实效""坚持学用结合，普治并举""坚持与时俱进，改革创新"。这表明，随着普法和法制宣传教育工作的普及和深入，普法和法治宣传教育工作也应随着工作量的增加而不断拓展。

总的来说，从六个五年普法规划文本自身的发展变化可以看出，从"一五"普法规划到"六五"普法规划，普法工作的形式和内容都得到了很好的发展和完善，普法工作领导体制逐步健全，普法内容不断丰富，普法对象范围逐渐扩大，普法形式和方式不断拓展，普法工作的效果也得到了实质性提高，六个五年普法规划实施成绩是主要的，大方向和阶段性目标都非常清晰，为"七五"普法规划制定和实施提供了很好的文本依据。

3. 注重用制度来引导普法工作，形成了比较健全的普法制度体系

尽管在过去的三十余年中，关于普法还没有出台全国性的立法，但是，普法工作的制度化水平是逐年不断提升的，主要表现在：一是六个五年普法规划一出台，全国人大常委会都会作出相应的决议或决定，通过立法的形式来推进普法工作；二是针对不同的普法对象、普法内容和普法形式，基于规划的要求先后出台了一系列自成体系的普法规范性文件；三是地方普法实践中注重运用地方立法来推动普法工作。

（1）从"一五"普法规划到"六五"普法规划，每一个五年普法规划颁布后，党中央、国务院都会转发，全国人大常委会还出台了相应的关于加强法制宣传教育的决议或决定，这些"决议"或"决定"都具有一定的法律效力。1985 年 11 月 22 日，第六届全国人民代表大会常委会第十三次会议做出了《关于在公民中基本普及法律常识的决议》；1991 年 3 月 2 日，第七届全国人大常委会第十八次会议做出了《关于深入开展法制宣传教育的决议（草案）》；1996 年 5 月 15 日，八届全国人大常委会第十九次会议通过了《关于继续开展法制宣传教

育的决议》；2001 年 4 月 28 日，第九届全国人民代表大会常务委员会第二十一次会议通过了《关于进一步开展法制宣传教育的决议》；2006 年 4 月 29 日第十届全国人民代表大会常务委员会第二十一次会议通过了《关于加强法制宣传教育的决议》；2011 年 4 月 22 日，第十一届全国人民代表大会常务委员会第二十次会议通过了《关于进一步加强法制宣传教育的决议》。特别是中共中央、国务院转发的《中央宣传部、司法部关于在公民中开展法制宣传教育的第六个五年规划（2011—2015 年）》明确提出"各级人大要加强对法制宣传教育工作的监督检查，推进法制宣传教育立法"。通过重视立法的方式来加强普法工作成为普法工作的重要特色。

（2）从"一五"普法规划到"六五"普法规划，围绕着六个"五年"普法规划的总体部署，中宣部、司法部、全国普法办等机构和部门，先后发布了一系列强化普法和依法治理工作的规范性文件，对于贯彻落实规划、抓好各项具体的普法工作起到了非常重要的促进作用。这些规范性文件主要集中在"四五"普法规划和"五五"普法规划实施期间，主要有 2002 年 6 月 5 日，中组部、中宣部、司法部下发《关于加强领导干部学法用法工作的若干意见》；2003 年 8 月 1 日，司法部法制宣传司下发《关于征求依法治理工作指导标准意见的通知》；2004 年 7 月 1 日，司法部发布《关于进一步加强对外法制宣传工作的指导意见》（司发通〔2004〕103 号）；2005 年 4 月 15 日，司法部发布《关于预防青少年违法犯罪工作的实施意见》（司发通〔2005〕27 号）；2006 年 6 月 6 日，司法部律师公证工作指导司下发《关于法律服务与法制宣传相结合推动"五五"普法规划全面实施的意见》（司律公字〔2006〕026 号）；2006 年 10 月 12 日，司法部、国务院新闻办、全国普法办印发《关于加强互联网法制宣传教育工作的意见》的通知（司发通〔2006〕66 号）；2006 年 12 月 15 日，中宣部、国资委、司法部、全国普法办联合下发《关于加强企业经营管理人员学法用法工作的若干意见》（司发通〔2007〕4 号）；2007 年 8 月 9 日，中央宣传部、司法部、民政部、农业部、全国普法办联合印发《关于加强农民学法用法工作的意见》；2007 年 7 月 24 日，中共中央宣传部、教育部、司法部、全国普及法律常识办公室联合印发《中小学法制教育指导纲要》；2008 年 10 月 10 日，中共中央组织部、中共中央宣传部、司法部、人力资源和社会保障部、全国普法办公室联合发布《关于加强公务员学法用法工作的意见》（司发通〔2008〕156号）；2012年3月8日，司法部、全国普法办发布《关于进一步加强农村法制宣传教育工作的通知》；2012年10月15日，中央宣传部、司法部、全国普法办公室下发《关于开展2012年"12·4"全国法制宣传日系列宣传活动的通知》；2013年6月13日，教育部、司法部、中央综治办、共青团中央、全国普法办联合颁布《关于进一步加强青少年学生法制教育的若干意见》（教政法〔2013〕12号），上述关于普法工作的规范性文件比较全面和系统地完善了普法和依法治理工作，对于贯彻落实六个"五年"普法规划的各项要求起到了非常重要的制度保障作用。

（3）从"一五"普法规划到"六五"普法规划，在地方层面，许多省级行政区域都制定了本行政区域内的普法工作条例或者与法制宣传教育相关的地方性法规，注重以立法的形式强化普法工作的效果。六个五年普法规划工作不仅仅停留在落实政策的层面，更重要的是表现在"依法普法"的各个方面。

自1996年以来，全国已有江西、宁夏、辽宁、陕西、安徽、云南、湖北、江苏、广东、天津、新疆、湖南、青海、甘肃、内蒙古、河北、海南、贵州等超过半数的省（自治区、直辖市）和成都市、宁波市2个副省级市的人大常委会制定了本行政区域的《法制宣传教育条例》，有力地促进了这些省（自治区、直辖市）、市法治宣传教育工作的全面深入开展。

这些关于普法和法制宣传教育的地方性立法在内容上具有以下特征：第一，从1996年到1999年，有7个省（自治区、直辖市）的《法制宣传教育条例》在形式上都包含"章"和"条"。从2003年到2014年的12个"法制宣传教育条例"，在形式上都不分"章"，只有"条"。第二，除1996年通过的《江西省法制宣传教育工作条例》外，其他19个法制宣传教育地方立法的名称都叫《法制宣传教育条例》。第三，各《法制宣传教育条例》的篇幅，最短的为21条（湖北省），最长的为35条（辽宁省），字数一般为1500—2800字，最长的《新疆维吾尔自治区法制宣传教育条例》为2772字。第四，各个《法制宣传教育条例》的共同内容主要包括：制定条例的目的、制定条例的法律依据、条例的适用对象、法制宣传教育的基本要求、目标与任务、组织与管理、社会责任、保障与监督、考核与奖罚、条例的解释与生效时间等内容。

除了上述省（自治区、直辖市）及副省级城市的地方立法外，辽宁省的本溪市和抚顺市、广东省的珠海市、河南省的洛阳市、青海省的海北藏族自治州、新疆维吾尔自治区的乌鲁木齐市等地级市（民族自治州）也已经制定了《法制宣传教育条例》。

这些关于普法和法制宣传教育的地方性立法呈现出以下特征：第一，辽宁省的本溪市和抚顺市曾经是我国最早探索和制定《法制宣传教育条例》的较大的市。第二，1996年和1997年，即"三五"普法规划的开头两年曾经是地方制定《法制宣传教育条例》的井喷年份，除了本溪市、抚顺市率先制定出了各自的《法制宣传教育条例》外，宁夏回族自治区、江西省、辽宁省、陕西省和安徽省5个省（自治区、直辖市）也都制定出了各自的《法制宣传教育条例》。第三，部分地级市和民族自治州的《法制宣传教育条例》的立法形式和内容，也与部分省（自治区、直辖市）和副省级市的立法存在一定的相似性。2003年以后的地级市（民族自治州）立法也都不再分章。条例的篇幅从23条到32条不等，字数也都是一千多字或两千多字。

我国普法和法制宣传教育的地方性立法开始于 1996 年，已经有近 20 年的探索和实践，取得了一定的经验，为普法和法制宣传教育工作的顺利开展提供了有效的立法保障，为普法工作营造了良好的法制环境。在全国 34 个省级行政区（包括 23 个省、5 个自治区、4 个直辖市和 2 个特别行政区）中，已经对法治宣传教育制定地方性法规的达到 50%，还有的省正在进行立法。在立法的普遍性和特殊性上也基本达成了一定的共识，《法制宣传教育条例》的内容既存在一定的共同性，也存在因地制宜的特殊规定。

4. 适应了时代发展的要求，突出了普法工作的重点

从"一五"普法规划到"六五"普法规划，法治宣传教育与普法工作突出了四个重点。

一是突出了宪法的学习宣传。"一五"普法规划把宪法列为应普及的法律常识的首位，1986 年为维护安定团结又一次掀起了学习宪法的热潮。"二五"普法规划明确以宪法为核心。"三五""四五""五五""六五"普法规划均明确宪法是学法的重点内容。"六五"普法规划实施期间，结合 2014 年 10 月 23 日党的十八届四中全会《中共中央关于全面推进依法治国若干重大问题的决定》提出的"将12月4日确定为国家宪法日"，在首个"国家宪法日"集中宣传宪法，弘扬宪法精神，在全社会掀起了学宪法用宪法的高潮。

二是始终把领导干部作为学法用法的重点。"一五"普法规划虽未确定重点对象，但各级领导干部带头学习、率先垂范，不仅带动广大群众学习法律知识，而且也促进了用法。1986年7月，中央书记处举办的法律知识讲座在中南海怀仁堂进行了第一讲。中央书记处带头听法律知识讲座，影响和带动了全党广大干部、群众。仅1986年情况统计，全国29个省（自治区、直辖市）六套班子领导成员，参加学习的有1300多名，占省级干部总数的90%。地（市）、厅（局）级领导干部参加学习的有约2.32万名，占84%；已经学完"九法一例"的有9700多名，占35%。县处级干部参加学习的有34万人，占81%；已经学完"十法一条例"的有28.8万余人，占总数的68.6①。从"二五"普法规划开始，明确了普法的重点对象，排在首位的便是各级领导干部。

---

① 1987年5月19日，中央宣传部和司法部印发的《关于第二次全国法制宣传教育工作会议情况的报告》。

1996年2月8日，江泽民同志在中央政治局法制讲座上明确肯定了"依法治国、建设社会主义法治国家"作为治国方略的重要意义，并由此推动了依法治国基本方略的形成、入宪和成为党和国家的最高行动纲领。此后"三五""四五""五五""六五"普法规划中都突出了领导干部的学法用法，并制定了相应配套制度，健全了培训、考试、考核、学法用法与任用挂钩等措施。自1994年12月中央政治局恢复学习法制讲座至今，共有30位左右法学家走进中南海主讲了25场左右法制讲座。党和国家领导人带头学法，极大地鼓舞和带动了全社会成员学法的热潮。

三是普法对象从关注数量到注重质量，并且强化了对特定人群和专门人员的法制宣传教育，起到了很好的作用。据不完全统计，仅仅是1986年"一五"普法规划的开局之年，全国普法对象有7.5亿人，已参加学习的有3亿人左右，约占40%。为组织广大群众进行学习，全国培训了约200万名法制宣传员和报告员。企事业单位约有5000万名职工参加普法学习，占全国职工的半数左右。农村普法正在试点，大约有8000万人参加学习，占农村应学习人数的17%。全国绝大多数中学都已开设法制课，多数小学结合思想品德课进行法制教育，中小学生受教育面约达 1.5 亿人[①]。"二五"普法规划实施开始，普法对象除了照顾到"面上"的广泛性，又关注了普法对象的特殊性。各地都比较重视对青少年的普法和法制宣传教育，形成了"法律进课堂""青少年法制教育基地"等形式多样的针对青少年身心特点的普法和法制宣传教育模式。近年来许多地方因地制宜地将普法对象的重点放到了学生、农民、外来人口身上，在社会的综合治理中起到了很好的基础和安定作用，普法的成效与重点投入之间的正比例关系日益突出。

四是普法方式也从最初的简单宣讲到逐渐通过各种传播形式来有效地宣传法律，特别是各级人民政府普法工作机构积极开通普法网站，运用互联网技术，结合群众对法律知识需求的特点，有针对性地进行集中宣传。有的地方采用了普法与文化建设相结合的方式来提升法制宣传教育的效果，例如，江苏省无锡市江阴市根据省委、省政府出台的《关于加强社会主义法治文化建设的意见》，提出了"新一轮法治文化建设向机关拓展、向基层延伸"的新思

[①] 1987 年 5 月 19 日，中央宣传部和司法部印发《关于第二次全国法制宣传教育工作会议情况的报告》。

路，充分发挥考核和评先评优的杠杆作用，将法治文化建设纳入"法治镇创建考核、精神文明建设年度考核"之中，有效激发机关、基层法治文化创建的积极性。五年来，市级层面上先后增加了道路交通安全主题教育示范基地、消防教育馆、环境科普教育展示馆、香山法制书屋示范点、青少年法制教育基地等一大批资金投入大、档次定位高、普法质效好的法治文化阵地；基层单位先后增加了澄江街道消防主题公园、南闸青少年禁毒馆、周庄实验小学交通安全情景园、祝塘镇法治文化公园、城东胡山源法治文化广场等基层法治文化阵地。目前江阴市有省级法治文化示范点 3 个，市级法治文化示范点 65 个，农家法律书屋、法律图书角 340 余个，市、镇（街道）、村（居）法治文化阵地建成率达 100%。

再如，作为拥有汉、回、撒拉等 22 个民族，以及伊斯兰教、道教、佛教、基督教 4 种宗教的甘肃省临夏回族自治州，在全省"五五"普法规划实施期间开展"法律六进"工作基础上，率先提出"法律进宗教场所"，赋予了"法律六进"活动新的内涵，推出"法律七进"的法治宣传教育模式，丰富了法治文化的内涵。2010 年 6 月 7 日，近 30 名回族学员在临夏县县长坡沿新三队清真寺上了一堂法律普及课，开始了法律进宗教场所的活动。

根据全省宗教场所较多、人员相对集中的特点，甘肃省把"法制宣传教育进宗教场所"作为民族地区普法的重要手段，高举维护社会和谐稳定、促进民族团结进步的大旗，积极开展了对宗教教职人员的法制宣传教育和民族宗教系统干部的法律知识培训，促进宗教场所的依法治理和规范管理，有力维护了社会和谐稳定。在"六五"普法期间，为了进一步加强藏区法治宣传教育，甘肃省司法厅联合省委宣传部、省民族事务委员会、省宗教事务局、省妇联、省团委制定了《关于进一步加强藏区法治宣传教育工作的意见》（以下简称《意见》）。《意见》从提高认识增强做好藏区法治宣传教育工作的责任感和紧迫感，强化措施深入推进藏区法治宣传教育，加强领导确保藏区法治宣传教育工作取得实效三方面对加强藏区法治宣传教育提出了要求，明确了目标任务和工作措施，促进藏区法治宣传教育工作的规范发展。在《意见》的指导下，甘南藏族自治州把每年3月份定为法治宣传月，抽调有基层工作经验、懂藏汉双语的干部进驻寺院开展法治宣传教育。2014年3月1日，甘肃省司法厅和甘南州委州政府在合作市香巴拉文化广场联合举行了甘南州法治宣传月启动仪式。在启动仪式上，甘肃省司法厅向甘南州、天祝县捐赠了 118 套法律宣传设备，千余册书籍、光盘、挂图等法治宣传资料。仪式现场，开展了大型广场法律宣传、法律服务和法律咨询活动，形成了良好的宣传声势。以此为契机，藏区各县不断采取举办讲座、组织普法讲师团巡回讲法、集中宣传等多种形式，广泛宣传《宪法》《反分裂国家法》《治安管理处罚法》《集会游行示威法》《宗教事务管理条例》等相关法律法规，发放藏汉双语法制宣传资料、法律书籍，带去慰问品，使广大农牧民群众和僧侣在学习法律知识的同时，深切感受到党的温暖，有效地发挥了法治宣传教育工作在维护社会稳定中的基础性作用。

在"六五"普法期间，甘肃省司法厅还会同甘南州有关部门采取了两项特别的普法措施：一是在省法院法官学院甘南分院（舟曲）设立了甘肃省少数民族法治宣传教育基地，为培养少数民族普法骨干搭建了平台。2014 年成功举办了全省司法行政系统"汉藏"双语普法骨干培训班。培训班聘请了具有丰富藏语教学经验的老师为学员们讲授了宪法、劳动法、人民调解法等法律知识，讲解了法治宣传教育、社区矫正、安置帮教等司法行政业务知识。培训的内容丰富，针对性和实用性强，受到了学员们的好评。2015年5月，又组织陇南市、甘南州所属县（市、区）、乡镇（街道）的普法暨社区矫正业务骨干，共计100多人进行了培训，围绕《宪法》和《婚姻法》、法治宣传、社区矫正、安置帮教、人民调解等内容进行专题讲解，取得了良好的效果。二是开展了甘南州卓尼县"尼江"地区专项法治宣传教育活动。甘南藏族自治州卓尼县尼巴乡所辖的尼巴村与江车村两个藏族村，自1958年以来，因牧场之争，引发武装械斗，导致22人死亡，80余人受伤，形成了长达半个多世纪的"尼江问题"，曾引起中央和甘肃省委省政府的高度重视。"尼江问题"不仅"拖"穷了两村群众，"拖"垮了两村发展，也给村民们带来了深深的心理伤害。在"六五"普法期间，省司法厅在认真贯彻落实省委协调会议部署要求和省委王三运书记重要批示精神的过程中，指导甘南州、卓尼县从法律服务工作者中抽调懂"藏汉"双语的人员，深入尼江两村开展"人民调解"宣讲活动。普法人员对乡村"两委"班子成员、党团员、村民小组长和牧民群众进行了耐心的法治宣传教育。省司法厅还专门筹措 30 万元经费划拨卓尼县司法局，作为尼江两村法治宣传、法律服务、人民调解等经费补贴。2014 年下半年，尼江两村基本了结了长达数十年的恩怨和纠纷。①"法律七进"是甘肃省在普法工作中摸索出的新经验，即将法治宣传教育活动与本地的风俗民情和文化特点结合起来，形成了具有本地文化特征的法治宣传模式，值得在全国其他类似地区推广。

此外，从"一五"普法规划到"六五"普法规划，普法和法制宣传教育工作的组织领导体制不断得到完善，各级各地的司法行政机关或法制宣传机构都投入了大量的人财物力来推动本单位、本部门和本地区的普法和法制宣传教育工作，司法部还组织了"全国普法讲师团"，中宣部、中央政法委和中国法学会也推出了"百名法学家百场报告会"的法制宣传形式，在社会公众中产生了广泛的影响。普法走进了课堂、走进了校园、走进了田间地头、走进了边防哨所、走进了工厂车间，法制宣传教育不断深入人心，公众对普法关注度越来越高，对由政府主导的法制宣传教育模式基本上表示满意。中国法

① 银燕：《尼江两村的"结"解了》，《人民日报》2014 年 10 月 23 日。

学网的大数据显示，在"立法""执法""司法""普法"和"领导干部带头守法"五项法治指标中，网民对"普法"工作的满意度仅次于"立法"，对法治建设重要性的关注主要集中在"宪法和法律实施"上，对普法和法制宣传工作的要求仍然属于期待性和辅助性的，这说明相对于执法、司法和领导带头守法来说，社会公众对过去三十余年的普法工作成绩还是比较认同的。

　　总之，三十年的普法工作目的在于增进社会公众对法律知识的了解，提高社会公众的法律意识，从而推动法治建设的发展。与此同时，法治宣传教育与普法工作能否取得预期效果，能否形成具有长效性的稳定运行机制，这些又取决于法治宣传教育与普法工作本身的"法治化水平"。如果法治宣传教育与普法工作长期处于政策的指导下，没有严格地按照法律上的权利义务制度设计普法工作参与者的行为模式，没有在普法主体与普法工作责任制之间建立起必要的法律联系，尤其是没有建立可靠的法治宣传教育与普法工作实际效果的科学化的评估机制，形成普法工作法治化的"大格局"，要改变这种局面，归根结底要在指导思想上树立"总体法治宣传教育观"，要把法治宣传教育与普法工作看作全面推进依法治国的一项重要事业和重大的社会系统工程，把法治宣传教育与普法工作纳入法治化和规范化的轨道，以制定《法治宣传教育法》为契机，全面规范与法治宣传教育和普法工作相关的各种法律关系，理顺各方参与主体相互之间的权利义务关系，建立普法工作责任制，建立科学的普法效果评估机制，以保持普法需求与供给之间的有效平衡为依托，切实提高法治宣传教育与普法工作的效率，将"七五"普法工作提升到一个新高度，最大限度地发挥法治宣传教育与普法工作在全面推进依法治国中的保障功能。